罪を犯した女たち

藤野京子

Ψ
金剛出版

はじめに

筆者は、非行や犯罪に走った人のアセスメントやカウンセリングに長年携わってきた。これだけの経験を積み重ねてきたなんて、さぞ生きてくるのが大変であったろうと思うケースもあれば、人は案外簡単につまずいてしまうらしいと思うケースなど、さまざまである。実証データをもとに、非行や犯罪と関連のある諸要因が明らかになってきてはいるが、彼ら自身が、実際に経験したことについてどのようにとらえ、それが、どのように自身に影響しているのかは、生の声を聞くことで、現実味を帯びるに至ると感じている。臨床の醍醐味は、出会うケースのどれ一つとして、同じでないことである。

心理臨床家のうち、非行や犯罪に走る人にターゲットを当てている人は、それほど多くはない。自分の心理臨床の領域とは接点がないと思っておられる方が大半であるとの印象を筆者は持っている。確かに、わが国の公式統計を諸外国と比較してみると、犯罪発生率は低い。つまり、非行や犯罪に走る人に出遭う確率は、諸外国に比べて少ない。しかし、非行や犯罪に走る人を多く見てきた筆者からすると、他の心理臨床の領域との関連が結構あるとの所感を有している。

非行や犯罪に走る人の中には、精神疾患を抱えている者が少なくない。それは、覚せい剤等の違法薬物の依存にとどまるわけではなく、うつや不安症など多岐にわたっている。本書で焦点化している女性の場合、特に多い。医療機関に行かずじまいであったり継続受診に至らなかったりする人も多いが、医療機関にかかっている場合であっても、そのほとんどが、非行歴や犯罪歴をオープンにしていない。だから、気づかないかもしれないが、病院臨床の中には、そうした人が紛れ込んでいる。また、発達障害を抱えていることに気づかれていなかったり、それへの対応が適切でなかったりした結果として生じている生きづらさが、非行や犯罪の促進要因になっていることもある。

また、学校臨床においても、問題児と見なされていた生徒が、ついに非行に走るということにとどまらない。いじめを受けたなどの学校での経験が、その後の人生観、社会観に影を落とし、それが犯罪に走らせる遠因になっている場合もある。この他、学校側が保護者に協力を求めても、なかなかそれに応じてくれず生徒の養育に熱心でないと嘆いていたところ、その保護者が犯罪に関与しており、子育てどころではないという現実も存在するのである。

就労していない者の再犯率が高いことから、再び犯罪に走らないようにするためにも彼らの就労の定着を図ることが望ましいとされている。しかし、実際のところ、彼らはなかなか職にありつけないし、せっかく就職しても、就労生活を軸に生活の安定化を図るまでには、なかなか至らない。そうこうしているうちに、働く気持ち自体が薄れていく。このような事態に対しては、産業領域からの心理支援を期待したいところである。

病気や障害をかかえながら、質を保った生活を送っていくには、福祉分野からの助力も求められる。住むところや、人並の生活を送るための生活費がなく、手っ取り早い手段、窮屈な思いをせずに済む手段として、犯罪に走ることはよくある。つまり、福祉分野といかに連携していくかが、犯罪抑止につながると思えるケースも少なくない。

したがって、司法・犯罪の領域での心理臨床に携わっていないとなかなか見えにくい彼らの内的世界を本書で提示することは、他分野で活躍する心理臨床家にとっても有益ではないかと思っている。他分野における心理臨床との同異は何なのかについての感想も、是非、寄せてほしい。

目次

第1章

犯罪に走った人の語り

当事者の語りの意義

犯罪に至った人は、自身の人生をどのようにとらえているのか？　犯罪に走った人だからといって、人生のすべての期間、朝から晩まで四六時中、犯罪に従事しているとは限らない。犯罪に走ったことも含めて、彼らは自身をどのようにとらえているのであろう。

犯罪に走った人への再犯抑止を含めた支援をしていくにあたって、その当事者の思考パターン、価値観や個人的信念、世界観をふまえ、今後、どのような見通しを抱いているかを考えていくことが、当事者の納得のいく支援につながろう。また、犯罪に走った人に共通してみられる思考パターン、信念、世界観等があるならば、それを理解しておくことは、その個々の犯罪者にとどまらず、広く犯罪抑止の働きかけを行うにあたって、意味があろう。

本書では、当事者にライフストーリーを語ってもらうことで、これらを明らかにしていく。ライフストーリーでは、何が起きたかという出来事が語られるだけではない。その出来事に対して、「そのとき、何を感じたか」や「それをどのように受けとめたか」といったその出来事にまつわる感情や考え方も語られる。加えて、それを語りながら当時をふり返って、「今、どのように感じたり解釈したりしているか」や「それには、どんな意味があったのか」といった内容が語られることもある。

我々は、日々いろいろな経験を重ねていく。そのすべてをライフストーリーで取り上げることはできない。つまり、経験したことのいくつかに、何らかの意味づけを行っているからこそ、取り上げるのである。さらに、言語化していく過程で、取り上げた経験同士を脈絡づけていったり解釈していったりもする。

すなわち、ライフストーリーで語られることは、客観的な事実というよりも、主観的認知あるいは心理的事実なのであって、解釈し意味づけられた自己語りと言える。自己語りを通じて、犯罪に走っている人の心象風景を垣間見ていくことにしたい。

マックアダムスのライフストーリー・インタビュー法

2章以下でつづったものは、人生の語りを聞く手法としてマックアダムス（McAdams, 2008）が提示しているライフストーリー・インタビュー法を用いて集められた内容をまとめたものが中心となっている。以下に、そのインタビュー内容の概略を説明する。

まず、あなたの人生について知りたいと言い、具体的には、あなたが覚えている過去や想像する未来について話してほしいと伝える。人生すべてではなく、人生における大切な場面や出来事について、話してみたいことを取り上げてもらえればよいと説明し、インタビュー時間は、全部で二時間程度を予定していると伝える。

実際のインタビューでの初めの問いは、あなたの人生をいくつかの章立てとした小説にするとして、それぞれの章はどのような内容かを尋ねるものである。二〇分以内で話してほしいと付け加える。

続いて、人生で重要な八つの場面について尋ねたいとして、①人生の中で特に良かったこと、②反対に特に悪かったこと、③人生に変化をもたらす転機となったこと、④子ども時代で良かったこと、⑤反対に子ども時代で悪かったこと、⑥大人になって以降ではっきりと記憶していること、⑦賢く振る舞えたこと、⑧宗教的、スピリチュアル、あるいは神秘的な体験、を順々に尋ねていく。それらの出来事で、何を考えたり感じたりしたのかもあわせて語ってもらう。

このような過去を語ってもらった後、先に語ってもらった小説の次章はどうなるかを尋ねる。今後の夢、希望、計画など、これからの人生でやりたいことを聞いていく。

その後、これまでに出遭ってきた難題について尋ねる。人生で最も挑戦したこと、自身あるいは身近な人の健康にかかる問題、死別、生別を問わないので、人生の中で最も大きいと感じた対人的な喪失について語ってもらう。他に、これまでの人生における最大の失敗ないし後悔についても語ってもらう。

さらに、その人の基本的な信念や価値観を明らかにする目的から、死生観に影響がある宗教観があれば教えてほしいこと、また、政治・政策に対する意見や、関心をもっている社会問題を教えてほしいこと、さらに、年を経るにつれてそれらが変わってきているならば、それにも触れてほしいと告げる。加えて、人間が生きていく上でどのような価値観を最も大切と思っているかの意見も求めている。

そして、これまで語ってきたことを通じて、自身の人生について気づいたこと等の感想を求めて、インタビューを終える。ライフストーリーは「聞き手」という他者に対して語られる。そこで、聞き手の反応を受けて、ストーリーを変化させていくこともある。さらに、自身の経験や人生を語るとき、語り手自身も、過去を省察することになる。したがって、語ってみて気づきが促されることも多いようである。

インタビューの実施について

2章以下で紹介するストーリーは、いずれも筆者が聴取したものである。語りは、語り手と聞き手との関係性の中で構築されるものであるから、筆者以外が聞き手になれば、また違った関係性の中で、違ったストーリーが展開されることであろう。

ここで紹介するものの大半は、筆者と二度目に会ったインタビューで語られたものである。筆者は、今はやめたものの、以前、刑事司法機関で心理技官をしていた経験があると自己紹介した上で、インタビューを行っている。この聞き手の経歴を踏まえた上での語りであることを念頭に置くのがよいであろう。

もっと真髄に迫るべく、深めて尋ねた方がよいのではないかという感想をもたれる方もおられるであろう。ただし、限られた時間内でインタビューを行うと約束していたこと、インタビューそのものが一回限りのものであって、自己洞察を促していく治療という枠組みで行ったわけではなかったこと、それほど深まっていない関係性の中で、聞くことがはばかられたこと、などの制約があった。とはいえ、これから紹介するように、犯罪に走った人たちの心象風景の一側面を示せたのではないかと思っている。

事例の選定について

本書では、成人の受刑歴のある女性を取り上げることにした。たとえば、平成三〇年の刑法犯の検挙人員は二〇・六万人であるが、そのうち女性は四・三万人弱と二割程度である（令和元年版犯罪白書二－一－一－六表）。さらに、同年の入所受刑者一・八万人強のうち、女性は一割程度である（同白書四－七－二－四図）。これはわが国の昨今特有な現象ではない。古今東西を問わず、女性で犯罪に走る人は圧倒的に少ない。つまり、なかなか犯罪に至りにくいのに、なぜそうなってしまったのかということに焦点を当てるのは、犯罪の本質をつかむ上で格好の材料となると考えた次第である。

刑務所を出所して、社会のどこに戻るかということであるが、一部の人は、更生保護施設で社会生活を再開する。その大半は、家族がいない人、引き受ける意思を示してもらえなかった人、反社会的な家族、家族に迷惑をかけたくないなどと自身から家族等を挙げなかった人などである。つまり、更生保護施設で社会生活の再スタートを切る人とは、再犯しないように彼らを支援してくれる身近な人が社会内にいない人たちであることが多い。今回インタビューに応じてくれた人たちは、このような更生保護施設で生活していた人たちである。

以下で紹介する事例はいずれも、女性の犯罪者が自身の人生をどのようにとらえているかを物語ってもらうことを通じて、女性の犯罪抑止を検討する資料にしたいとの依頼に応じてくれた人たちである。「他の人のお役に立つならば」と、インタビューに応じてくれた。その中から、年齢層別、今回の受刑回数が初回か複数回目かを勘案して選定した。2章以下の配列は、インタビュー時の年齢が若い順になっている。

マルナ（Maruna, 2001=2013）のリヴァプール離脱研究では、今回用いたインタビュー法を使って、犯罪から離脱した元犯罪者と、現在も犯罪を持続している者の語りを比較したところ、前者は、社会、とりわけ次の世代にお返しをしたいという気持ちを示す話を語るという差異が見られ、自分の人生を他の人にささげたいという気持ちが、インタビューで繰り返し現れていた（Maruna, 2001=2013, p.145）としている。今回のインタビューに応じてくれた人たちは、刑務所を出所したばかりであって、今後、再犯するかどうかはわからない。ただし、インタビューに同意してくれた際に添えられた「お役に立つならば」という言葉は、筆者には、単なる社交辞令とは受け止められなかった。犯罪に至ってしまった自身の人生を無為にしたくない、他の人に自分と同じ思いをしてほしくない、という思いをはっきりと口にしていた人もいたし、明言は避けながらも、その思いを感じ取ることができる人が少なからずいた。

本書では、刑務所生活を体験した人が、刑務所から出所した時点でどのように自身をとらえていると語っているかを記している。マルナの研究のように犯罪者と元犯罪者を比較してはいない。しかし、さまざまな人がいろいろな経路でもって受刑に至っており、その当事者女性がそれをどのようにとらえているかを明らかにすることは、価値があると考え、それを主に記すことにした。彼女たちの語りと、その語りに対する筆者の意見なり感想なりの混在を防ぐため、各章の最終節に筆者のコメントはまとめて記すことにした。

人生発達という視点

さまざまな経験が、人を変えていく。同じ経験をするにしても、人生のどの時点で経験するかによって、意味合いなり影響の程度なりが異なってくる。2章以降で紹介する彼女たちが語るライフストーリーを読み解くにあたって、いつどんな経験をして、それをどのようにとらえてきたかという人生発達という視点を踏まえて読み解くのも一方法であろう。

エリクソン（Erikson, 1959=1973）は、社会との関係で、危機を経験し、それを乗り越えることで自我が発達していくととらえている。その過程を、八つの心理社会的発達段階として理論化しており、青年期以降も含めて、人は終生、発達していくとしている。各発達段階の概略は、以下のとおりである。

まずは、他者を含めた周りの世界に対する信頼感、および自己への信頼感を獲得できるかが、乳幼児期の発達課題になる。つづいて、自らが自由に選択し決断できるという有能感をもち、自分に対して疑惑や恥を感じないで済むかという自律性の課題に取り組むことになる。そして、自発的かつ意欲的にものごとに取り組み、自分が良いと思う行動に責任を持とうとする心構えを形成できるかどうか、つまり自主性を育むことが課題になる。その後、生産的に物事を成し遂げることにより周囲から承認され、自分は何かができる存在だとする勤勉性を体得していけるかどうかに取り組んでいく。そして、青年期には、自分という存在を明確に理解し、人生をどのように生きたいかについて、しっかりわかっている感覚、すなわち同一性を獲得できるかが、問題になっていく。

こうした発達課題を経験した後の成人期にも、課題がやってくる。自分を見失わずに他者と親密な付き合いができるか、孤独感を感じないでいられるか、という親密性の課題にどのように対処するかである。つづいて、次の世代を世話し育成することに対する関心と、そのことへエネルギーを注いでいるという自信である生殖性・世代性・生成性が、課題になる。そして、人生の終盤においては、自分の人生を自らの責任として受け入れていくことができ、死に対して安定した態度をもてるかどうかという、統合性の課題が現われる。

2章以下のライフストーリーを、このような発達課題の視点から理解していくことも興味深かろう。出生以降今回のインタビューまでの間に、どの課題を乗り越え、どの課題が留保されているか。また、目下、取り組むべき課題は何か。今後の見通しをこの発達の視点から検討していくのもまた興味深かろう。

今回のインタビューでは、このエリクソンによって定式化された自我の発達段階図式（Erikson, 1959=1973）に対応した心理社会的発達課題の達成感覚を、どのくらい自身が意識しているかを測定するＥＰＳＩ（エリクソン心理社会的段階目録検査：Erikson psychosocial stage inventory）（中西・佐方、二〇〇一）を含め、いくつかの心理尺度もあわせて測定している。各章の最終節にまとめて記す筆者のコメントの中では、これらの尺度への回答から得られた情報も、必要に応じて用いながら、考察を行った。インタビューは、筆者との関係性の中で構築されているものなので、心理尺度で得られた結果の中には、インタビューとは異なった側面を垣間見られたものもあった。

第2章

途中までは「良い子」だった女性

幼少期からあまり家庭環境に恵まれなかったものの、途中までは、大人の指示どおり、つまり「良い子」にしてきた二〇代前半の女性。しかし、自分なりに振る舞いたいとの思いが芽生え、不良の恋人と交流する中で、その恋人の指示にしたがって犯罪に手を染め、さらには、自宅を飛び出てしまって手持ちの金がない状況下、職場の同僚から金を窃取し、受刑に至っている。その彼女が語る人生物語とは……

居心地の悪かった小学校時代

小学校時代というと、両親が離婚したこと、祖父と父の仲があまりよくなくて、何回も転校したことを思い出す。弟は母親にすごくかわいがられて、お母さんっ子だったけど、自分には、いい思い出がない。弟のために「あんぱん、買ってこい」とかと言われたから、買って帰ったのに、「このあんぱんじゃないだろ」ってめっちゃ言われて外に出されたとか、母親の内職を手伝わされたっていう思い出がある程度。自分はよく覚えてないけど、どうやら母親から虐待されていたみたい。だからなのか、土日になると、じっちゃんが迎えに来て、じっちゃんの家に行くとか、遠出するお父さんのトラックに乗せられて、「後ろで寝てて」みたいに扱われてた。だけども、そうしたことはあんま、覚えてない。

そんな扱いなのに、子どものころの嫌な思い出は、母親がいないこと。自分的には、別にいなくてかまわないのだけれども、母親がいないと言うと、「尋ねて、ごめんね」とか言われて「この子、可哀想なんだ」みたいに思われるのが嫌だった。仲の良い親子を見ると、羨ましかった。じっちゃんに育てられてて、なんで自分にはちゃんとした両親がいないんだろうって思ってた。学芸会とか運動会とか授業参観とかはつらかった。親は来ないし、だからと言って、じっちゃんは、歳取っていて恥ずかしいから呼びたくない。でも、運動会の時には、みんな、親と一緒にご飯を食べてるし、卒業式や入学式の最後には、親とかと写真を撮ったりするのに、うちだけは違って、すごい悔しかった。あと、お弁当持参の日も嫌だった。女の子ってみんな、可愛いお弁当で、カラフル。なのに、自分は違った。じっちゃんも父親も、料理ができないわけではないけど、可愛いお弁当は作れない。おにぎり二個とかしょぼい感じで、茶色いお弁当。それがもうすごく嫌。恥ずかしくて広げられない。だから、途中で弁当を捨てて、先生には、「忘れた」と言っていた。それに気づいた小学校からの友達のお母さんが、途中から自分の分まで用意してくれるようになった。小学校の卒業式とかの写真にも、自分を一緒に混ぜてくれた。

良い子だった中学校時代

中学校くらいになると、転校とかもなくなって、じっちゃんのところで落ち着くようになった。

高校に入るまでは、まったく反抗もしなかった。せいぜい弁当とかを捨てる程度で、じっちゃんに言い返すとか一切したことがない。何か言われたら、特に考えずに、「ああ、わかった」って返事してた。たとえば、父親の友達がバレーボールのコーチをしていて、「同好会の人数が足りないから入ってやれ」と言われると、「わかった」って言って、バレーボール部に入ったし、「頭、悪いから、塾、通いなさい」と言われれば、「わかった」って言って、塾通いした。高校だって、自分で決めたわけじゃない。「私立でも、近い方が安心だから、そこに通え」って言うから、じっちゃんが決めた高校に通うことになった。そんなふうに頼まれたり、「やったら」って言われたりすると、特に断る理由もないしと思って、そのまま受け入れていた感じだった。じっちゃんは、そんな自分に、小さいころから「看護師になれ」って言ってた。父親の姉ができがよく、看護師をしてたからだと思う。

それと、人から嫌なことを言われても、なんか笑ってなきゃ、みたいに思ってた。ヘコんだ所を人に見せたくない、スルーしよう、って思ってた。

良い子に疲れた高校時代

中学校までは弟とかとも同じ学校だったけど、高校はみんな違うところから来てて、小学校のころに仲が良かった子と離れてしまった。だから、友達を一から作ることになった。

高校の最初の方までは、やんちゃなことをする弟のことが、嫌で恥ずかしくて、一緒にいるところを見られたくなくて、できるだけ知らんぷりしてた。だけど、弟が好き放題しているのをずるく感じて、羨ましくて、多分あこがれていたのかも、と思う。

じっちゃんは、弟と比べて自分を、良い子、可愛い子、みたいに見ていたけど、その圧力を感じていたのかもしれない。看護師をしている父親の姉は、すごく頭がよくてしっかりしているのに、父親はやんちゃで、暴走族に入ったり学校を中退したりして、あまり言いたくないけど、ヤクザもやってたみたい。だからじっちゃんは、多分、弟を父に、自分を伯母に当てはめてとらえてたんだと思う。実際、弟は、ヤクザじゃないけど、結構有名な暴走族の会みたいなところに入ってた。

じっちゃんが、伯母のことをすごい好きなのは、わかっていた。だけど、なんで自分が、そこまでじっちゃんの言う通りにしなきゃいけないの、看護師を目指さなきゃいけないの、頭がいいわけでもないし、勉強する気もないし、みたいに感じるようになっていった。そして、自分も我慢せずに悪くなれば……と思って、友達と遊ぶ方を優先させて、今良ければいいみたいな感じで、門限とかも気にせず遊び歩く生活だった。

そして、門限とかを破る生活に文句を言うじっちゃんに、カッとなって言い返したり反抗したりするようになっていった。大人の言うこと一つ一つに、「いや、それ、おかしくない?」って文句言って、情緒不安定になっていった。何かを「しなさい」って言われると、「いや、おかしい」って思うようになって、そしたら、全部がおかしく見えてきた。今まで何でも「うんうん」だったのに、今度は全部、おかしく感じられた。

友達の言うことは受け入れられるけれど、大人とか先生とかに意見を言われると、「何でそんなこと言われなきゃいけないの?」って反発して、ちょっと遅い反抗期がきたって感じ。そして、そのような自分を、自分ながらに、面倒くさい人間だなって思ったりもした。その一因は、高校時代になって、友達の幅が広がったせいかもしれない。

でも、一〇代までの記憶の中で、この高校時代が一番良かった。特に、高校二年時、生徒会に入ることになってから、仲の良い友達ができた。遅刻早退を繰り返していることを、担任の教師がじっちゃんに連絡して、学校に長く居させるために、生徒会に入れるよう仕組まれたに違いない。でも、その生徒会の中で、自分はちょっと浮いている感じはしたけれど、見下されることもなく、居心地も悪くなかった。自分が早退しようとしても、生徒会だからって引き止められた。生徒会が解散するときは、みんなで泣き合ったくらいだった。そのメンバーとは、いまだに仲が良く、交流が続いている。

社会人になって最初のころ

自分が通っていた高校は大学附属だったから、高校卒業後、大学進学するのが当たり前で、自分もそんな感じなのかなと思ってたから、何もせず、ぼーっと過ごしてた。周りがそうだから、その流れに乗ろうかな、みたいな感じ。じっちゃんは、「大学に進学しようが、働こうが、好きにしろ」っていう考えだった。でも、父親に「大学まで行って、何を勉強したいのか」って聞かれて、「したいものがないならば、金は出さない」と言われた。「遊びまわって高校も通ってないだろ。就職の道もあるんじゃないか」と言われた。勉強したいわけではないけど、働いたら、お金は自由になるかもしれないけれど遊べない。渋々、進路相談室に行くことになった。

トラックの運転手だった父親は、事務職というか営業の仕事に変わってた。お父さんがやってるから、自分にもできるだろうと思って、何社か事務仕事の面接を受けたけど、採用には至らず。そんなときに、介護の仕事が向いているかもしれないと言われた。

はじめは、介護イコール嫌な仕事、おしめを取り替えなきゃいけないなど、嫌なイメージだけだった。でも、先生に「見学だけでいいから、行ってみろ」って言われて、勝手に見学を申し込まれて、行く羽目になった。でも、実際に行ってみると意外といいところで、全然イメージと違ってた。だから、介護関連の会社を何社か検討して、北欧風の介護をしてる施設が気に入って、そこに就職した。

そこは、病院とかの暗い感じじゃなくて、すっごく明るくてプールもあって綺麗な施設。実際に働き始めてからも、楽しかった。一緒に働いていた人たちは、それほど歳が近いわけではなかったけど、そんなに年の差を感じない良い人たちだった。未成年だったからお酒は飲めなかったけど、飲み会にも参加して、楽しい人間関係だった。休み明けでも、「仕事、やだな」と思ったことはなかった。

働き始めたばかりで何もできなかったときに、末期がんの利用者さんから「こっちに来い」って言われて、めっちゃ可愛がってもらえたこともある。夜勤中も「大丈夫?」って、心配してもらえたこともあったり、死が目前に迫っていて、とても苦しそうにしながらも、自分の手を握って「頑張るんだよ」みたいなことを言ってくれた人もいる。

看取りケアの人を看取ったこともある。「手を握ってあげて」と言われて、自分がその人の手を握ってあげて息を引き取っていった様子は、今でもめっちゃ印象的。すでに喋れなかった人だったけど、表情でその人とコミュニケーションが取れていたと思う。亡くなっちゃったあと、「あのとき、もっとこうしてあげたら良かった」って悔しい気持ちにもなった。

でも、二年弱で転職。理由は、準社員で入ったから、給料も安かったし、この先、上がる見通しもなくて。ひとり暮らしができる程度の給料がもらえる職場がいいなって。そう思ったのは、当時一緒に暮らしてたじっちゃんとけんかが多くなって、同居するのがいやになったから。たとえば、自分なりに仕事を頑張っているのに、じっちゃんに「家の用事があるから仕事を休め」と急に言われ、断ったら、「使えないヤツ」って言われて頭にきた。他にも、月末に金が足りなくなったとじっちゃんが金をせびってくるから、「生活費は入れている」って言ったら、「そんな端金」だって。その言い方に我慢できなくなっちゃった。しかも、じっちゃんと弟の仲が悪くて、二人はしょっちゅう喧嘩してた。

じっちゃんの家には、自分の部屋もなかったから、気に入らないじっちゃんとずっと顔を突き合わせているしかない。だから家を飛び出しては友達の家に泊まらせてもらってた。その家は、小学校時代、お弁当を作ってくれた友達んち。その子のお母さんを自分も「ママ」って呼ぶ関係で、友達がいなくても一緒にいられる「すごい私の親みたいな感じの人」。実際、その人が入ってくれて、父親んちに一カ月くらい世話になったこともある。でも、父親とはずっと一緒に暮らしてこなかったから、ワガママも言えないし、名前だけの親で、親戚の人みたいな感じで頼れないし、気を遣う。やっぱりじっちゃんは、父親であり母親であるみたい。

じっちゃんの態度がムカついて家出して、ひとり暮らしができるように転職したけど、もし、あのときじっちゃんの言葉を「あ、そうだね、はいはい」みたいな感じで流せていたら、最初の仕事も辞めずに続けられていたのでは、と今は思ったりする。あと、この職種には資格が求められ、その資格がないことが何かとネックになっている。高校卒業の後、介護の専門学校に進むとかを考えておけば良かった。

事件を起こす前

その後は無事、グループホームで正社員の職が見つかって、待遇面は良くなった。けど、人間関係が……。そのグループホームは家庭的な雰囲気を大切にしてたから、利用者さんと一緒にご飯を作るとかの仕事もあったんだけど、自分は基本じっちゃんが食事を作ってくれていたから料理なんて、まったくやったことなかった。だから、うまくできないのに、主任が「こんなの、千切りじゃなくて、太切りだ」「こんな料理もできないの?」とかとガーガー言ってきて。はじめは言い返したりしてたんだけど、それを繰り返しているうちに、だんだんぎくしゃくしちゃって、しまいには「介護に向いてないからやめろ」とまで言われた。どんどん仕事がつまんなくなっちゃった。

前の職場はすごく楽しかったから、夜勤明けとかで疲れてても、自分から職場に残って、おじいちゃん、おばあちゃんの手伝いをしたり、出かけるのに付き合ったりしてた。職場で一日中生活をしてた。でも、新しい職場は楽しくなかったから、時間になったら、速攻帰ってた。職場には、ケアマネとか介護福祉士とかいろんな資格を持っている人がいたけど、自分は資格なんか取る気もなくて、ただお金をもらいに働きに行くって感じだった。職場に話の合う人がいなかったから、飲み会も面倒で、飲み会の日にはわざと夜勤を買って出て、欠席した。

この二番目の職場での人間関係が、人生で一番つらかった。夜寝れなくなって、タバコの量もアホみたいに増えて、ゲホゲホと咳が止まんなくなった。じっちゃんに相談するのは悔しかったから、何も言わなかった。プライドもあったから「全然大丈夫だし、余裕だし……」と装って、友達にも言えなかった。けど、つらかった。

ちょうどそのころ、A男から連絡が入った。A男は弟の職場仲間で、自分が社会人になってから、ずっと好きだった相手。A男がつかまって少年院に入ってから、A男のことなんか思い出すこともなかったけど、A男が少年院から出院して、実際に連絡を取り合えるようになったから、好きなのが、復活してきた。だから、A男との遊びを優先させちゃって、仕事もさぼるようになっちゃった。特に、文句を言ってくる主任とペアになる日は。そしたら、主任が、自分が悪い連中とつるんでいるみたいって話してたって聞いて、「仕事、やめようかな～」って考えるようになってった。

A男に「仕事がつらい」なんて言ったことはなく、楽しいから遊んでいるって言ってた。けど、ほんとは、仕事がつらくてA男の方に逃げてたんだと思う。

そうしているうちに、A男が盗んだものを、自分が売らされるという形で、A男の共犯者になってしまった。これが自分がかかわった最初の事件。その事件のとき、自分は休んでたから、職場から実家に連絡が入って、事件がバレちゃった。

じっちゃんは、このことをすごく怒って、A男のところに雪かきの棒を持って、暴れに行った。で、その最中、興奮しすぎたのか、道路のど真ん中で倒れちゃって……。じっちゃんが倒れたときのことは、本当に怖い体験だった。目の前で人が倒れたことなんかなかったし、倒れたのがじっちゃんだったし……。「やばい、私が殺したようなもんだ」って思った。もう怖くて怖くて……。急いで救急車を呼んで、介護で習った心臓マッサージを無我夢中でした。あとから医者に、「あのとき、ちゃんとできたから、大丈夫だったんだよ」って褒められた。けど、そもそもじっちゃんが倒れたのは、自分のせい。本当にじっちゃんが死んだらどうしようって思って、怖かった。

医者からは、じっちゃんの容体について、「このまま亡くなるかもしれないし、意識が戻らないかもしれないし、仮に意識が戻っても麻痺が残るかもしれないから、覚悟するように」って言われた。自分は、麻痺があろうと、とにかく意識が戻ってほしい、って切に願った。でも父親は「それくらいならば死んだ方がいい」みたいに言って、葬式の準備をし始めた。だからけんかした。

じっちゃんの意識は戻ったのに、父親から「『死ねばよかったのに』って言ってやった」って聞いたから、自分が面会に行って、「大丈夫?」って尋ねたら、じっちゃんは「大丈夫、大丈夫」と言っていたけど、めっちゃ悲しそうだった。父親にすっごい頭にきちゃって、「てめえが死ぬときには、死ねばいいって言ってやっから」って言ってやった。それ以来、父親とは連絡を取らないまま今日に至ってる。父親は勝手に再婚したみたいだけど、そんな父親を頼る気は毛頭ないし、一切連絡する気もない。

退院したじっちゃんの面倒を見るため、転職した職場を退職した。その後、A男との事件で捕まった。

その事件で執行猶予判決となって釈放された後、じっちゃんのところに帰る前に、その少し前に捕まっていた弟の面会に行った。そこで、弟の彼女さんとばったり会って、弟宅に泊まればと誘われた。じっちゃんのところに帰れば、事件のことでギャーギャー言われるし、それが怖くて先延ばしにしたかった。じっちゃんは出所日を知らないだろうから、少しばかり楽しんでから帰ろうと思って、弟宅で数日過ごし、貯金が底をついたところで、じっちゃんの家に戻った。

でも、じっちゃんは、自分に差し入れをしようと面会に行ったみたいで、自分が出所していることを知ってた。そして、まっすぐに帰ってこなかったことに怒っていて、「ここは、犯罪者が跨いでいい敷地じゃない」って言われた。

事件を起こしてから捕まるまでに、少し間があったから、その間にすでにA男とは別れてた。それに、自分はA男に言われたとおりにただ動いただけで、盗みたくて盗んだんじゃなくて、A男にやらされただけ、って思ってた。じっちゃんには、確かに迷惑をかけたけど、これからちゃんと頑張ろうと思っていた矢先に、自分を犯罪者扱いした。じっちゃん、なんで理解してくれないんだろうって感じて、キレちゃった。

じっちゃん宅を飛び出して、弟の家に住むことにした。その後、弟も留置所から出てきた。けど、誰も働かないから、生活費がない。携帯電話の支払いが滞って、強制解除になっちゃって自分の連絡先がないので、仕事を見つけたくても、見つけられない。弟は、「じっちゃんと仲良いんだから、お金借りてきて」って言ってたけど、啖呵を切って出て来たのに、今更頭下げてお金を借りに行くことなんてできない。そんなこんなで、結局、弟宅を出た。

そして、高校時の生徒会仲間に連絡して、仲間の家に住まわせてもらうことにした。その家庭は父親しかいなくて、特にうるさく言われなかった。その友達が二台携帯を持ってて、その一台を借りて自分の連絡先にさせてもらえたので、やっとコンビニでのバイトを見つけられた。

でも、そのバイト先で働き始めたころ、再度、事件を起こした。今度は、単独犯。同じバイトをしている人の財布を抜き盗った。働き始めたからといって、すぐにお金が入るわけじゃなくて、持ち金がなかったからやった。居候は仕方ないとして、彼氏でもない男友達に、お金まで貸してと言うのは、恥ずかしいというかプライド的に嫌だった。言えば多分貸してくれるだろうと思ったけど、そこまで、落ちぶれていると見られたくなかった。

事件は起こしたけど、それが発覚するまでの間は問題なく生活できた。コンビニの店長もその働きぶりを評価してくれて、裁判時には情状証人にもなってくれた。引受人として住居を提供しても良いと名乗り出てもくれた。被害者の方は、仕事よりも遊びを優先させて、結局、辞めちゃった。でも、自分は、人が見ていない場面でもしっかり働いた。本当は楽しく働けたからなのだけれども、働きすぎと言われるほどちゃんとやっていた。それを認めてもらえて、悪いことをしたとわかった上でも、自分を受け入れようとしてくれることが、すごく嬉しかった。

コンビニで稼いだ金は、結局、弟と彼女さんの生活資金になった。弟が働かず終いである一方、彼女さんが妊娠したので、自分が弟に貸した形で、食費やら、赤ちゃんの服の準備やらに、全部消えていった。

受刑中の気づき

人生で最も良かったことは、おかしいと思われるだろうけど、刑務所に入ったこと。刑務所に入って、いろいろ考える中で、じっちゃんとの関係に気づいた。外にいたらたぶん気づけなかったけれど、自分に味方がいるって思えた。友達がいないわけじゃないけど、なんかあったときに最終的に助けてくれるのはじっちゃんなんだ、じっちゃんはちゃんと私のことを思っててくれたんだ、って気づけた。

刑務所出所後の帰住先を検討する段階になって、じっちゃんと手紙のやりとりが始まった。じっちゃんに出所後の引受人になってもらうつもりはなかったけど、実家の住所を記載したら、保護観察所の人が実家に連絡を入れたっていう情報が刑務所に入って、刑務所の先生に「手紙だけでも書いておきなさい」って言われたから、手紙を書いた。

じっちゃんから返信が来て、その手紙について、自分だけならば気づかずに読み飛ばすようなところを、その先生は、「じっちゃんは、こういう気持ちで言ってるんじゃないの」とかと教えてくれて、あっそういうことか、みたいに気づかせてもらえた。ギャーギャー言うじっちゃんは、自分のことを鬱陶しいとか、多分嫌いっていう感じで言ってんだろうなって思っていたけど、そういうわけじゃなかったみたいと気づいた。そして、そう思ってとらえ直してみると、あのときこういう気持ちで、送り迎えしてくれたりご飯を作ってくれたりとかしてくれたんだよな、って思えた。それに気づいたら、今まで、散々な扱い方を自分がしてきたことに、悪いなーと思えるようになった。徐々にゆっくり考えられるようになって、自分の最終的な味方は、友達じゃなくて、じっちゃんなんだなと思えるようになった。

受刑地は、地元からかなりの遠距離で、不便なところだったから、面会には来てもらえなかったけど、逆に、離れていたからこそ、気づけたこともある。ノートを破った紙に、鉛筆でメモのような落書きのようなのが送られて来るんだけど、それがすごく嬉しくて、いまだに全部取ってある。外にいて手紙をもらったとしても、決して大事にしなかっただろうけれど、刑務所の中では違った。それに、普通ならば、人に手紙なんて、恥ずかしくて書けないけど、離れていて顔を見ない分、素直になれて、せっかくの機会だからちょっと言っとかなきゃ勿体ないと思えて、さらさら~っと書けた。

刑務所に来るまでは、できない自分を認めたくなかった。刑務所に入る前は、自分ができないことについて、「周りもそんなもんだし」みたいに自分に逃げ道を作っていた。でも、刑務作業一つをとってみても、すごい人がいっぱいいて、「私、頑張ってもこんなもんなんだ、意外とできない」っていうことが、受け入れられるようになった。ちょっと考え方が大人になった。

刑務所の中で、一つ一つの体験を丁寧に扱うことも学んだ。たとえば、刑務所内での運動会とかでは、優勝を目指してみんなで練習しまくって、結局優勝できたときとか、めちゃくちゃ嬉しかったし、興奮した。みんなとこんなふうに力を合わせると、意外に楽しくて充実するんだって気づいた。一つ一つ頑張ると、結構楽しいことあるんだな、みたいに思った。学生時代にも行事とかはあったけど、しょぼいと思って、スルーしてた。それなのに、その一つ一つに感情が伴うようになって、有難いことだったんだなと思えるようになった。

また、外で生活しているときは、時間とか気にせずに過ごしていた。でも、刑務所に入ってからは、じっちゃんも歳なのに、もっとこうしてあげればよかったなとか、刑務所にいる間に何かあったらどうしようって思って、それまでは気にもとめていなかったのに、不安とかが出てきて、いろいろな感情に気づくようになったかも。加えて、刑務所内では、好きなことができない分、それまではこんなの当たり前でしょうみたいにとらえていたちょっとした変化に気づいては、「嬉しいなぁ」と思えるようになった。

刑務所生活は、社会から閉ざされているから、その分、社会から取り残されて浦島太郎にならないように世間に追いつかなきゃって思うようになった。そこで、社会にいたときは世の中のことなんて何も考えたことがなかったのに、刑務所生活では、ニュースの時間にわざわざテレビを見に行ったり、新聞を読んだりするようになった。

自分はまだ若いと思って、将来のことなど考えたりしてこなかったし、みんながどんなふうに生きてるかなんて関心なかったけど、二〇代中盤になって、将来自分がひとりで生きていけるのか不安になってきた。そして、いろんな社会制度について、自分にも関係があるかもって気にかけるようになってきている。

これから

まずじっちゃんのところに帰って、じっちゃんを安心させたい。また、運転免許があった方が介護施設で役に立てるだろうから、その資格も取りたい。刑務所で介護職員初任者研修を受けたので、その資格を活用して介護施設で働いて実務経験を増やし、介護福祉士の資格、そして、ゆくゆくはケアマネも目指したいと思っている。

そして今後は、自分で考えて行動を選択していきたい。中学までは、何でもイエス・マンだったのが、高校に入ってからは、今度は何を言われてもノー・マンになった。そのあとは、「本当は～したいけれど、こうだし……」みたいにどっちとも決められず、時間がただ過ぎるばかりで、そう考える自分が面倒臭かった。人の意見を鵜呑みにして受け入れるか、自分の主張を押し通すのかの二択だった。自分の主張を押し通して、トラブルになってしまうことがあったり、反対に人の意見を採用して、思ったような事態に発展しないと、人のせいにして終わってしまうだけだった。しかし、どっちかにするのではなく、人の意見を受け入れて自分で考えるのが良い、そうすれば、どっちにしようと悩む時間も減るし、判断する力がつくと思うようになった。

ひとりっきりで生活していくのは、多分無理。仕事を頑張るのも、友達と遊ぶのを楽しみにしてとか、じっちゃんを安心させるためとかで、誰かがいてくれないと多分ダメ。働くにしても、お金をもらうために働くんじゃなくて、充実感を持たせてくれる誰かがいないと、頑張れない人間だと思う。

再犯をするつもりはない。じっちゃんや、親切にしてくれたコンビニの店長さんのことを思うと、二度と裏切りたくない。しかし、また同じような状況になったら、ついつい、「これくらい、いいんじゃないか」とかと思って、同じことを繰り返す自分を止められるのかなっていう不安もある。最初は人に巻き込まれて犯罪に至ったわけで、その人と縁を切れば平気だと思っていた。でも、二度目の犯罪は、自分ひとりで、スーって一瞬で盗っちゃった。再犯に至る窃盗犯が多いって聞くから、自分は平気だろうかって思ってしまう。

追い詰められた状況でも、ふと気分が変わる様子が見受けられたので、最後に筆者が、「結構、気持ちはコロコロ変わるの？」と尋ねてみると、ずーっと悩み続けることはなく、「途中で忘れちゃう」と言う。嫌だなと思うと、「もう気にしない、そこまで」とリセットすると言う。「いつぐらいから、気にしないようにしてきたの？」との問いに、「思ってるとつらいから、もう気にしない。そういうことは、昔から考えないようにしてきたかもしれない」と答えてくれた。加えて、なんか嫌なことを言われたりして、自分が悪くないと思っている場合でも、自分が悪いと思っておけばいいじゃんみたいにして、「あぁごめんね、私が悪かったよね」で済ませてきたと付け加えていた。

コメント

母親との反りが合わずに、家で心置きなく過ごせなかったり、家族のごたごたに巻き込まれて、繰り返し転校を余儀なくされたりと、小学校時代まで、のびのびとした子どもらしい生活が送れなかったことがうかがえる。ただし、祖父からは期待されていたと感じることができている。

このような環境で育ってきているので、主体性を育むよりも、置かれた環境に適応することに主眼が置かれていたのであろう。中学時代までの「良い子」は、そのような状況で快適に過ごすための、彼女なりに工夫した対処方法だったと推測できる。

高校時代から、生活が乱れている。彼女が選択した行為は、怠惰で刹那的であって、その選択した行為に責任を持とうという構えなど、認められない。しかし、「言いなりでない」自分になれることを自己確認したかったのではないだろうか。

基本的に大きく逸脱したいと願っているわけではない。父や弟の振る舞いを、「嫌」、「恥ずかしい」と言語化しており、反社会的な振る舞いを是認しているわけでは決してない。伯母を成人女性のモデルにしてほしいと祖父から思われていたことにも気づいている。

実際、自身の居場所があれば、そこにとどまることができる。高校時代、教師や祖父に仕組まれたとしながらも、生徒会の仲間入りした際のエピソードからは、そのことを読みとることができる。このような周囲からの働きかけがあったからではあろうが、多少の不登校はあったとはいえ、希望すれば附属の大学への進学も可能だった様子で、当時の逸脱の程度もさほど大きいわけではない。

高校卒業後の進路選択について、結局は、保護者の意向を汲んで就職となっている。そこからは、周囲から強く働きかけられると、その方向に自分を修正する行動傾向が見てとれる。そして、就労先の選定についての語りからは、与えられた方向性の中で、自分なりのありようを探そうとする主体性もあわせもっていることがうかがえる。

最初の就労先についての語りからは、初動は遅めであるものの、そこに居場所があると思えると、一生懸命に取り組むことができる人と評価できる。さらに、利用者さんとの思い出の語りからは、利用者さんとの感情交流が図られていたこと、そして、利用者さんと心を通わせて、自分に何ができるかと考えていたことがうかがえる。そのような経験を積む中で、職業人として、少しずつ成長していけていた様子が垣間見られる。また、受刑前に勤務していた職場の評価も悪くない。肯定的に受け止めてもらえる場では、その期待に応えようとして頑張ることができるようである。

ただし、自身の落ち度を認め、柔軟に対処していく余力は、十分には備わっていなさそうである。それが、二番目の職場であるグループホームでの不適応状態や、祖父とのいざこざを招いたと言えよう。さらに、長期的視野から何が得策であるかを冷静に判断して選択するより、場当たり的に判断してしまうことにも通じているのであろう。面子を保とうとして、頑なな対処になり、それが本心と違う方向に物事が進展してしまうことにもなっている。

すべての受刑者が、刑務所生活を送ることで、彼女が語ったような気づきを体験するわけではない。しかし、その一方で、刑務所とは、多岐にわたる制限があり、その場から逃げられない構造であって、それがゆえに、彼女が現実に直面化できたことも、事実であろう。

刑務所での学びからもうかがえるように、彼女は、受容的な相手からの指導・教育を受け入れる素地を有している。彼女自身、ひとりでは無理と言っているように、人からしっかりと認めてもらいたい志向が人一倍強い。生い立ちを鑑みれば、しっかりと自分を受け止めてほしいという欲求にこだわることは、十分に理解できる。こうした彼女の心情を理解して接してくれる職場があれば、成長していくことが期待できよう。

ただし、トラブル場面で、冷静に賢明な行動選択をしていける程度の心情の安定化を図る力は不十分である。また、さまざまな他者に融通をきかせながら、適度に付き合うライフ・スキルを十分に持ち合わせているとも言い難い。したがって、これら二点を獲得していくことが、社会適応を促すことに通じよう。

この他、おそらく、彼女は、自身らしさ、つまり自身のアイデンティティを確立するまでには至っていない。就労に加え、自身のライフプランを考えていくことも、今後の課題となろう。加えて、今後、じっちゃん以外の重要な他者を見つけ、どのような関係を形成していくかも、彼女が社会生活を送る上で、重要な課題となろう。

第3章

わが子と離れた生活を余儀なくされている薬物依存女性

父親が暴力団員で、少女時代から非行化してきた二〇代後半の女性。二児の母親で、わが子のことを気にしていないわけではない。しかし、覚せい剤がやめられなかった。覚せい剤の自己使用で、初回受刑となり、社会に戻って三年後、再び、夫と一緒に覚せい剤を使って、受刑に至っている。その彼女の半生とは……

幼少期の家庭環境、家出していたころの小さな自分

父親はヤクザをしていて、あまり家にいることはなかった気がする。母親はアル中だった。隠れてお酒ばっかり飲んでいた。

たまに家に立ち寄る父親に、母親の飲酒がバレては、喧嘩になっていたみたい。母親は父親にいつも木刀とかで殴られていて、それを見ている自分は、家の隅っこでうずくまって、神様にお祈りしてた。小さいころ、神様はいるって信じていたから、「もうママとパパの喧嘩をやめて」って、ずっと神様にお願いしていた。喧嘩は見ていて怖い。とにかく喧嘩なんかしてほしくないと思ってた。

自分の人生の最悪な出来事は、この父親の暴力。実際、父親から追いかけられて、自分が逃げている、あるいは、母親と一緒に自分が逃げているところを父親が追いかけてきたりする夢を今でも見る。

小さいころ、すごく父親が怖かった。それに加えて、当時、母親のことも嫌いだった。母親は、ごはんとかも作ってくれなかったし、自分が学校に行く時間になっても起きてこなくて、日が昇ってからも、窓はずっと閉めっぱなしの状態だったし……。

そのころはひとりっ子だった。こんな両親でも、兄弟がいれば支え合えるかもってそんなことを考えていた小学校中学年のころ、本当に弟が誕生した。

でも、状況は変わらなかった。弟が生まれてからも、母親は酒ばかり飲んで、生活は一転しなかった。それどころか、母親の症状は、日増しに悪化していった。ぶつぶつ何か言ったりするので、「何?」って聞き返すと、「何も喋ってないよ」って言ってくる。母親が作る味噌汁には、一個切らないままのじゃがいもがゴロッと入っている。こんな状態だった。

さらに、ショックな出来事が起きた。弟が生まれてそれほど経っていないある日、自分が学校から帰ってきたところ、家がもぬけの殻だった。母親が弟だけを連れて、実家に戻ってしまったのである。「なんで自分は置いてい

かれて、弟だけ連れてっちゃったのかな」ってショックだった。

両親が別れることになったとき、どちらについていくかと尋ねられたならば、おそらく父親を選んだであろうと思う。でも、母親に黙って置き去りにされるなんて、すごい衝撃だった。

その後すぐに、実母が家を出て行く以前から父親が交際していた女性が、家に住むようになった。母親に比べて、その女性の方が、よっぽど母親らしいことをしてくれたし、その女性のことが、嫌いだったわけではない。けど、自分の母親はひとりで、その女性は母親じゃない。だし、きっと父親とその女性の関係を母親も知って、家を出ることになったのだろうって思う。そして、母親のことをすごく可哀想だなって感じた。

弟は一旦母親と生活したけど、母親の兄弟から、母親が子育てをできる状態でないという連絡が入って、結局、父親に引き取られた。弟を引き取りに母親の実家に行った際、忘れられないのが、普通寂しい顔をするはずのところで、母親がニコニコって笑って、気をつけて帰るようにって言ってたこと。そのことについて、当時はあんまり深く考えなかったけど、やっぱりちょっとおかしかったと思う。

その後、母親と音信が途絶えてしまったわけではない。電話がかかってきて喋ったりすることもあった。でも会話の辻褄が合わないこともあった。ときどきプレゼントも送られてきたけれど、ものすごいでっかい段ボールに、人形が一個か二個、小さいのがゴロッと入っていたりした。せっかく送ってくれているのにおかしいっていうのは失礼かも知れないけれど、やっぱりちょっと変で、なんか違うと感じた。

弟とは年が離れていることもあったから、大変な家庭環境を乗り切るための運命共同体にはなれなかった。父親の前からの交際相手の家事を手伝いながら、まあ育っていった。

母親の死で非行がエスカレート?

母親のことは、実家で次第に話題にされなくなっていった。タブー視されていった。でも、自分は実家に気づかれない範囲で接触してた。会うことはなかったけど、電話はしてた。親らしいことをしてくれなかった母親を嫌う気持ちも、いつしか消えていた。どこかで母親のことを許していたのではないかって思ってる。

一方、実家は、なんとなく嫌だった。だから、夜遊びをして、家出を繰り返して、シンナーをたまに使うようになっていった。そのような生活をしていたころ、突然、母親が死んだ。ずっと電話だけだったけど、「今度、会いに行くね。元気な顔、見に行くわ」という話が、出たばっかりだったのに。精神科に入退院を繰り返していて、退院してすぐのことだった。ちょっと目を離していたところ、自死してしまったらしい。

友達が、悪い知らせがあるんだと前置きして母親の死を知らせてくれたとき、冗談だと思った。そして、伝えてくれた相手に「言ってもいい冗談と、そうでない冗談があるよ」と興奮して、大喧嘩になっちゃった。で、母親の死が現実だってわかったら、今度は母親の兄弟に、「だから、『ちゃんと見てて』って言ったじゃん、『ママのこと、よろしくね』って言ったでしょ。なのに、なんでこんなことになったの?」って怒っちゃった。自分が怒るのは、おかしいって思うけど、気づくとそんなふうに言っちゃってた。

母親の親族から、お通夜に出席するようにって誘われたけど、行かなかった。母親の死に顔を見る勇気がなくて、行けなかった。でも、今になると、なんであのとき行かなかったんだろうって思う。人生で後悔してることの一つ。

これまで一度も母親の墓参りをしていない。「近いのに、行けずじまいで……、だから、わたしは親不孝者……」「近々必ず行きたいな」って思っていながら、なかなか行動に移せない自分がいる。

母親がいなくなってから、非行が悪化していった。覚せい剤も使うようになった。母親がいなくなったことは、非行を悪化させるきっかけの一つに過ぎなくて、そのせいで悪化したとは言い切れない。自分の意思が弱いとか、当時悪い人ばっかりと付き合っていたことなども影響していると思う。

そのような状況に置かれても、自分と同じ行動に走る人ばかりじゃなくて、むしろこのことをきっかけに、まじめにやってこうと思って生きる人もいるだろう。でも、自分は、そういうことがあったせいで、すごくやけくそになって、どうにでもなれみたいな感じになっちゃった。もう遊び呆けるというか、悪い友達なんかとつるんで、どんどんどん悪い方向へ進んでしまった。

あと、そのとき、死ぬってなんだろうなって考えて、「あれっ？　ここから飛び降りたら、そうなるんだろうか？」とか思ったりしてた。死ぬことが怖いとは思わず、死んでもいいやって思ってた。やっぱり家庭環境が良くなかったから、愛情が足りてない。だから、母親に会いたい、会って甘えたい、っていう気持ちがあった。それなのに、その甘える相手がいなくなってしまったから、こういう反応になったんだと思う。

こんな子ども時代だったから、一〇代くらいまでの良い思い出は、何もない。

夜の仕事していたときの自分

でも、その後は悪化の途をたどっていくばかりではなかった。落着きを見せていた時期もある。夜の仕事をするようになってからである。

働こうと思った理由は、父親は嫌いだし、後妻の連れ子も家にいるので、できるだけ家から離れていたい、働いて自分の自由になるお金を得たいと思ったから。特段、それ以上を求めたわけじゃない。でも、働き始めたところ、その仕事は自分にすごくあっていて、気づいたら、楽しくできていた感じだった。その間は、覚せい剤からも遠ざかることができた。仕事柄、衣装代や化粧代は嵩んだものの、お金も少し貯まって、実家にお金を入れていた時期もあった。今、ふり返ってみても、この時期は頑張れていた。

敬語も使えなくて、マナーも身についていなかったのに、仕事を通じて、いろんなことを学ぶことができて、とても新鮮だった。もともと、人を観察するのが結構好きな方だったから、お客さんと会話していて、「なに、このおやじ、ムカつく」と思えば、「なに、この人、すごく優しい」と感じたり、「あーっ、こんな人も世の中にいるんだ」って思ったりした。既婚者の客が多くて、自分は父親から父親らしいことをされずにきたけど「あっ、こんな人が父親だったらいいな」と思える客にも出会えた。こうしたところでちょっぴり息抜きをしながら、ちゃんと家庭での役割も果たしている姿を見て、「上手に生きてるな、すごいな」って思った。こうやってうまく回っている家庭もあるんだとわかって良かった。

二度の受刑

せっかく落ち着いた生活を送っていたのに、結局、付き合った人がヤクザだったりして、覚せい剤の道に舞い戻ったことで、受刑に至ってしまった。夜の仕事に何も不満はなかったけど、寂しかったのか、なんだったのか。彼氏がほしいと思って、その付き合う人の影響で、悪の道に戻っちゃった。夜の仕事はそれなりに満足してたけど、なんか飽きちゃったと言うか、もの足りなくなっちゃって、辞めちゃった。

今までも、二択あって、そっち側に行けば将来的に安定しているけど何かもの足りなさを感じる、一方、こっち側に行けば、刺激がいっぱいあるけれど、安定しているかというと、全然そうじゃない。そんな選択の場合、自分は、安定していない方を選択しちゃう。そういうことがいっぱいあった。間違いなく安定した生活を送れる人に付き合ってほしいって言われても、そうでない側に惹かれちゃう自分がいる。そうした選択を繰り返してきたのは「若かったからかな」とも思う。

危ない交際相手から、本格的なＤＶを受けたこともある。その暴力は半端なく、「殺される」「もうこれで死んでしまう」と思ったことが幾度もあった。最終的には逃げられたが、警察に助けを求めたり、負わされた怪我の治療を医療機関で受けたりはしていない。調べられれば、覚せい剤使用が発覚しちゃうから、公的機関には行けなかった。

一度目の刑務所を出た後も、「もうちょっと、遊びたい」という気持ちがどこかにあった。正直、覚せい剤が好きで好きでしょうがない。覚せい剤を目の前にしたら、今でも、心臓がバクバクして、やっちゃうかもしれない。スリリングな感じとかワクワクした感じとかがたまらない。もちろん刑務所の生活を繰り返したいなどと望んでいるわけではないし、社会での生活に希望を失ってしまっているわけでもない。今度こそちゃんとやろうという思いはある。でも、覚せい剤を目の前にすると、そのような考えがふっとんじゃう。

今回の二度目の受刑に関しては、前回出所後に知り合った夫の影響がある。受刑で三年間、出所後も二年間、合わせて五年間覚せい剤を断っていたのに、夫に覚せい剤を見せられた途端、ブレーキがきかなくなってしまった。覚せい剤の回し打ちがおそらく原因で、肝炎に罹患しているが、それもまったく歯止めにはならなかった。

子どもへの思い

初回受刑前に一人目を、初回受刑で社会に戻った後に二人目を出産した。子育ては、大変な面もあったけど、子どもは可愛いと思ってる。この二回の出産は人生の中で最も良かった経験。二人とも難産だったけど、産まれたときのあの嬉しさは、やっぱり言葉では言い表せない。「あっ、これがわたしの子どもなんだ、やっと会えたな」って思った。これが人生の転機にもなった。

第一子と第二子の父親は違う。第一子の父親は、DVのひどい人だった。別れた後、妊娠に気づいた。周囲からは、随分と産むことを反対された。「なんで、あんな男の子どもを産むの?」「産むなんて、そんなの考えられない」「あんた、頭、おかしい」などと言われた。けど、どんな父親であろうと、どんな人の子どもであろうと、わたしの子どもであることに変わりはない、だから絶対に産みたいって思った。さらに、一〇代で三回中絶していて、「また堕ろすことになったら、子どもを産めない身体になる」と医師から言われたことに、背中を押されもした。子どもがほしいと、ずっと思っていたし、二〇代になって子どもを産んでもいい歳にもなったことだし、堕ろして子どもが産めない身体になったら、一生後悔するって、そのとき、思った。

子どもを育てるのは大変だった。産んで終わりじゃなくて、子どもは育てるのが大変と、よく聞くけど、まさにその通りだった。自分の場合、特に周りに反対されながら産んだ子だったから、助けてくれる人がいなかった。だから、市役所とかに頼りながら、どうにか育てていった。

自分が受刑することになってしまい、自分の手で育てられた期間は短かったけれど、その期間は、不器用な自分は不器用なりに、母親としての役割を果たせた。きちんとミルクをあげたり、オムツを換えたり、離乳食をあげたり、抱っこしたりとかしてきた。「自分の母親みたいにしないで、わたしはわたしで、母親として頑張るんだ」って気持ちが強かった。受刑期間中、子どもを施設に預けることになってしまったから、母親失格。何も偉そうなことは言えない。でも、自分の気持ちとしては、そのとき精一杯のことをしていた。そして、賢明に振る舞えたことをふり返ってみると、この「堕さずに産んだこと」が挙げられる。

母親と自分を重ね合わせて

母親が死んだのは、三〇代半ばだった。気づいたら、自分もその歳に近づいてきている。そんな若さで、自分は死にたくない。そんなのは、嫌である。多分母親も、本当のところは、もっと生きたかったのではないかと思っている。良いとか悪いとかを抜きにして、やっぱり母親と自分とは似ているなと、この歳になって思う。母親はアル中だけでなく、かなりひどいうつ病だった。自分はそれほど重篤ではないけれど、躁うつ病と診断されていて、障害者手帳も発行されている。だから、母親と同様、自分も早死にしてしまわないかと心配。

でも、自分は、まだ人生を諦めていない。これから人生をやり直したいと思っている。理由は、やっぱり子ども。せめて子どもが二〇歳になるくらいまでは、生きたい。それに、まだまだ今後いろんな出会いもあると思うし……。

これからの私

受刑生活となり、二人の娘を手放す結果になったことは、人生の最大の別れ。自分は母親として失格。子どもたちには、愛情がまだまだ必要な時期に寂しい思いをさせちゃっているなって、申し訳なさでいっぱい。

児童相談所から、施設で生活している子どもたちの状況について、連絡を受けているが、子どもとの直接の接触は、今のところ許可されていない。自立した社会生活を送れるようになれば、子どもを引き取ることもできるだろう。一年後くらいにはそうしたい。

それを目指して、自分にできることは、まず仕事をきちんとして、お金を貯めて、自立すること。職種は選ばず何でもするつもり。自立に向けての方向性が定まったら、子どもとの直接の交流も許可されるだろうと見込んでいる。少しずつで良いから、母子の絆を深めていきたいと思っている。そして、自分の手元に子どもを引き取れるようになれたら、今までできなかった母親としての役目を果たしたい、ともかく愛情をそそいであげたい。

今回受刑することになった覚せい剤事件の共犯者である今の夫とは、別れると決めている。情がないかと言えば、それは嘘になる。けど、働かない人だから、そんな人と一緒にいても、自分の苦労が増えるだけになる。子どもだけでなく旦那の分まで自分が働かなきゃいけなくなるし、そこまで面倒は見られない。それに、今まで一緒に薬をやってきた人だから、そばにいれば、また同じことの繰り返しになってしまうかもしれない。でも、男の人との交際を金輪際行わないと思っているわけじゃない。むしろ、いい人と巡り合えば一緒になりたい。

自分のできは、六〇パーセントくらい。だけど、「人を思いやる気持ち」を大切にしながら生きていくのがいいと思う。

今回、このような自分語りをして、自分は寂しがり屋で、人に流されて生きてきてたなってつくづく思う。

コメント

この女性は、反社会集団に所属する父親、深刻なアルコール依存の問題を抱える母親のもとに生まれている。父親を怖いととらえ、その生きざまを肯定しているわけではない。しかし、父親の言動を身近に見ているので、反社会的行動への抵抗感があまりないのかもしれない。

父親の母親へのDVは、この女性の脳裏に強く焼きついている。それは、今でも父親から逃げているシーンが夢に出てくることからも明らかである。彼女にとって、この出来事は、完全に葬り去られた過去の出来事になってはいない。今日でも、どこかで怯えながら生きているのである。

彼女が語る幼少期の母親の描写からは、いわゆる十分な養育を母親が提供できていなかったことが見てとれる。それのみならず、母親から置き去りにされたという見捨てられ経験までしている。

子どもは親を選べない。恵まれた家庭に生まれた子どももいる一方で、現実にこのような出自の子どもも存在する。この女性のように、スタート時点から、次々と難問を突きつけられながらも、どうにか生きのびてきたという意味で、彼女らはまさにサバイバーである。

父親の交際相手との生活の中では、その交際相手が、母親以上に母親の役割を果たしてくれている。理性的に事態をとらえて、この交際相手を母親代わりと彼女が割り切ることができたならば、二度の受刑に至るような生活は食い止められたかもしれない。しかし、割り切ることができなかったことが、父親の交際相手との心的距離を生み、特段の理由があるというよりは、むしろ、「なんとなく」実家を居心地の良くないところと感じることにつながっている。そして、自身の居場所を求めようと、早々と家出に至っている。とはいえ、どんなに問題を抱えていようとも、彼女にとっては、実母が唯一無二の母親なのである。

精神疾患を抱え、十分に母親らしいことをしてもらえず、意思疎通が図られたとの実感が十分には伴わないにもかかわらず、彼女の実母への思慕の情は強い。反対に、そうした実感がないからこそ、それを追い求め続けているのかもしれない。加えて、成長して、母親の病状への理解も深まるにつれ、愛してもらいたいという気持ちに加えて、弱くて危なげな母親を守りたいという思いが芽生えていったのかもしれない。

母親の死をめぐっての語りには、母親の死を直視することへの強い抵抗が読み取れる。母親の葬儀に参列したり墓参りしたりするのが、世間の常識であろう。母親への思いがあるならば、それは当然の行為と見なされるかもしれない。しかし、それは母親の死を現実のものと認めてしまうことを意味する。母親は自死している。幼少期、彼女を家に置き去りにした母親が、今度は彼女をこの世に置き去りにしたのである。つまり、彼女は母親に二度も捨てられてしまったと解釈できよう。

母親が亡くなって自暴自棄の心境となり、非行が深刻化したと説明している。そこからは、胸のうちに収めておくことができないほどの失意や無念さをうかがえる。この母親の死の意味づけは、いまだに「宙吊り状態」のままなのかもしれない。

一方、夜の仕事をしていたころの生活からは、彼女が備えている力を見て取ることもできる。敬語やマナーを身につけることができたなど、自分の社会へ適応していける力を自認できたようである。さらに、家族以外の人に関心を向けては、悲観的にならず、いろいろな良い生き方があることを、彼女の感受性でもって内面化できていることもうかがえる。

しかし、その平穏な生活にもの足りなさを感じたのであろうか。反社会的行為をする人々との交際が再開している。これは、彼女に限ったことではない。他に選択肢があるところを、わざわざ危ない生活の方を選ぶ人がいる。刺激希求性、つまりワクワクするものを追い求める傾向が高いことによる現象と言えよう。これは犯罪者がしばしば有する特徴である。そもそも彼らが有している資質なのであろうか、それとも激しい生活を経験してきた分、変化がない穏やかな生活は、馴染みがなく、もの足りなさを感じてしまうのであろうか。彼女自身は、「若かったから」と理由づけしているが、今後の見通しはどうであろう。

なお、彼女は父親に好意を寄せてはいないにもかかわらず、反社会的な振る舞いをする人々と交際することに抵抗感を示していないことからは、いつしか、父親の価値観をどこかで吸収してしまっていることがうかがえる。そして、父親から母親がDVを受けたのと同様、彼女自身も交際相手から同様の経験をさせられてもいる。

彼女が描写する薬物の魅力については、まさに薬物依存症に見られる典型的な症状である。死ぬかもしれないと感じるDVを受けても、覚せい剤使用が発覚するかもしれないからとして、支援を求められず、社会から孤立していた現象が語られている。また、薬物を断つことは、もはや自身の意思を超えている様子を見てとることもできる。収容されている期間を含めれば五年の歳月が経っているのに、あっという間に再使用に陥っている。「薬物はやめ続ける必要がある」と言われているが、その現実を指し示す事例と位置づけられよう。

子育ての最中に二度も受刑しており、危なっかしい母親であることは、間違いない。子育てをする傍らで覚せい剤を使用するなど、熟慮の上で行動選択をしているとは言い難い。しかし、彼女の語りからは、子どもへの愛情が涸渇しているわけではないことがうかがえよう。周囲から反対されながらの出産だったこともあって、私的サポートが得られない中での育児だったわけだが、彼女には、支援を求める姿勢が認められる。したがって、適切な公的支援が提供されるならば、それを取り入れながら子育てをしていく余地があると期待される。

原家族と思ったような心的交流がなされてこなかった分、血のつながった家族である子どもは、彼女にとって一層大切なのであろう。ただし、子どもとの関係が、彼女が思い描いているように進展するかはわからない。彼女が母親に求めた関係を、彼女の子どもたちが彼女に示してくるとは限らない。もし、そのような現実とのギャップに気づいた際、彼女はそれにどのように対処できるのか……。それは正念場と言えよう。

彼女が育児をする立場になって、自身を母親と重ね合わせて検討している点も興味深い。彼女が類似点として直接挙げた以外にも、二人ともDVを受けている、また、母親はアルコール、彼女は覚せい剤と、物質の種類は違うものの物質依存であるなど、多々似ているところがある。ただし、彼女は、今以上に良く生きたいとの思いを語ってくれている。人生を諦めず、子どもと一緒の幸せな家族を作りたい、挽回してみたいとの希望をもっているところに、希望をもちたい。

彼女は、人を思いやる気持ちを大切にすると言っており、実際、他者に対して、恨みがましくあれこれ思っている様子は見てとれない。十分に母親らしいことがなされかった母親に対しても、理解を示そうとしている。基本的には人好きであり、寂しがり屋であるとして、人から受け入れられることを追い求め、機会があれば、新たに異性とも交際をしたいと言ってもいる。したがって、どんな人たちと交際するのかが、彼女の社会生活における方向性に、強い影響を及ぼそう。

彼女は、気軽に行動に移すことができる起動力を有している。相手の思惑を察知して機敏にその場その場に合わせて振る舞うこともできる。ただし、多面的に事態をとらえて主体的に理性的な判断するよりも、むしろ周りの人への情に流されやすい。また、コツコツと地道にかつ持続的に取り組むことも不得手とする。このような彼女が脱線しないように勇気づけを行い、人生をガイドしてくれる人に出会えることが、彼女の生活の安定化を図ることにつながろう。なお、この語りは、うつ症状が出ていないときに行われたものであるが、そのガイド役の存在は、彼女がうつ的気分に陥ったときにも生活を破綻させずにもちこたえるに当たって、有用であろう。

第4章

結婚しても母親の呪縛から逃れられない女性

家族内葛藤を抱える家庭で生育した三〇代前半の女性。母親に振り回されてきたと自認し、母親との共犯事件もある。しかし、自身の母親への気持ちを整理できずに今日に至っている。そして、自身の人生を自己選択している感覚を持てないままでいる。実際、以下の語りの後、また犯罪に走ってしまった彼女だが……

刑務所に戻りたかったのかも

四度目に受刑になった直近の事件は、集合住宅での宅配ボックス荒らしである。自分宛のものが、他の住人の宅配ボックスに入っているのではないかと気になり、他の住人の宅配ボックスを開け、それが自分のものでないと確認できても、今度はその中身が気になり、封を切ることを繰り返していたという事件である。もともと、こだわり傾向があったが、この事件の前、医者からうつと診断され、引きこもりがちの生活を送っていた。そのような状態で起こした事件である。この四度目の受刑となった事件について、刑務所から出所して、自由のありがたみをわかっているはずなのにとふり返る。しかし事件当時、日々の生活に充実感を見出せず、自尊心も失っていた。刑務所に戻りたいとどこかで思ってやっていたのかも……とも述べる。

この四度目の仮釈放中、「兎のように要領良くするのではなく、亀のように地道になる。ずるい考えを押し通すのではなく、ゴールまでの過程が、自分の底力になるように努力して、犯罪をしないようにしていく。地味かもしれないけど、そんな亀みたいになる」との決意表明を記している。しかし、その一方で、刑務所から出所したところ、長年交際してきた人から、別れ話が出たと落胆した面持ちで話していた。しかも、その交際相手の新たな恋人への遇し方は、彼女に対してとはまったく違っていると口惜しそうに語っていた。

また、今後、再び犯罪をするとして、何を失うかと尋ねたところ、「もはや生活の基盤もないし、今以上に悪くなることは思いつかない」としていた。さらに、「自分の内面に向き合わない方が、なんとなく安定していける」反対に、「向き合わなければいけなくなると、不安定になる」と言っていた。「感情のコントロールに疲れそうで心配なので、心にある葛藤を思い起こさないようにしている、葛藤を意識すると、薬でも盗みでも何でもできる」と言い放っていた。そして、その数カ月後、実際、彼女は二冊の本を万引きして、再度、逮捕されてしまった。

以下に、その四度目の仮釈放中の語りを紹介する。

父親に悩まされた小学校時代

小学校を幾度となく転入・転出している。小学校高学年になって、両親は正式に別れたが、それまで、父親の母親への暴力が激しかった。だから父親のところにはもう居られないとして、母親が私を連れて父親の家を出る。けれども、行った先で数カ月も経たないうちに、お金がなくなり、父親の元へ帰る。その繰り返しだった。親戚の家に預けられたり、児童相談所等で過ごしたりしたこともある。さらに、父親の暴力団活動について、街宣車から流れる騒音とかで、近所から出て行くよう立て看板を置かれ、居づらくなったこともある。

父親から離れたかった理由は、父親の家庭内での暴力と、父親の職業。世間一般に父親とされる人とはまったく違う父親だった。だから、当時「普通の家庭に生まれていれば……」と思っていた。

子どものころの悪い記憶は、親の財布からお金を抜いていたこと。親からお金を渡されても、それ以上にお金を使ってしまう。駄菓子屋さんなど、子どもが集まるところで、お金を使いまくった。もので友達を買っているわけではないけれど、友達を惹きつけたいと思ってやっていた。みんなの前でいっぱい買ってみたり、おまけのシールをいっぱい持っていると見せびらかしたり、新しい下敷きとか消しゴムとか、みんなが欲しがりそうなものを身に付けて、手っ取り早く友達の気を引こうとしていた。友達になってもらおうとして欲しそうなものを買ってあげたりして、学校に馴染もうとしていた。

両親は不仲だったが、私が小二のころ、思い余った母親が父親に包丁をつきつけたシーンは、人生の最悪のエピソード。母親は自分に「早くこっちに来なさい」と何度も合図を送ってきた。でも、父親は手でおさえて自分を行かせないようにしていた。父親を振り切って母親のところに行けないわけではなかったけど、両親がもみくちゃになって、母親が父親を刺してしまうかもしれないと思って、怖かった。自分としては、母親を犯罪者にしたくないと思ったし、もみくちゃになって母親がけがをするのも嫌だった。でも、母親は、何度も合図を送っているのに、なぜ来ないのかと思ったらしい。その後、自分を置いて家から出て行ってしまった。自分やものに当たる父親の体がすごく大きく見えて、びくびくしてトイレに逃げ込んでいた。母親はたぶん一日くらい経って帰ってきたと思う。でも自分は、「捨てられた」と感じて、その受けた傷はずっと消えていない。それ以降、母親の姿が長い時間見えなかったりすると、「また、私のことを置いて、どっか行っちゃったのかもしれない」って思うようになった。

子どものころの良い思い出は、よく気が利いたから、周りからすごく褒められたこと。父親は、言葉遣いを始め、教育にすごくうるさい人だったけれど、子どものころ、自分は記憶力が良くて、教えられたことがすんなりできる子だった。大人顔負けの電話の取次ぎもできた。でも、それは、父親の顔色を窺ってやっていたんだと思う。

で、小学校高学年のころ、留学した。それは人生で最もチャレンジしたことだと思う。暴力団である父親の知り合いは全国各地にいたから、結局、日本中どこにいても、自分の意思とは関係なく、父親のもとに呼び戻されてしまう結果になってしまう。そんなことを思っていたとき、テレビで、外国人を受け入れている学校があることを知った。そして、「なんだ、日本の外に出ちゃえば、簡単じゃん？」と考えて、留学を決めた。

でも、留学先から一時帰国したとき、両親の様子を見て、母親ひとりを父親のもとに置いておくのは絶対に良くないと思った。そして、自分は留学先に戻らなくていいので、とりあえず父親と別れてと頼んだ。母親はそれまで働いたことがなかったけど、父親の経済的援助を受けることなく、自立してほしいと訴えた。そして自分の留学を途中で取り止め、母親と二人で生活することにした。

なんの準備もせずに、家出同然で出たから、すぐに働けて寮が完備された仕事と言えば、タクシー運転手くらいしかなかった。父親と一緒にいるときには、金銭面で困ったことはまったくなかった。それこそ、お菓子とかもいっぱいあって、食べかけのものは捨て、小銭とかは拾うのが大変だってゴミ袋に捨てたりするような生活をしていた。しかし、父親と別れてからは、小銭すらもない生活だった。着るものも買えずに困り、金銭感覚がすごく変わった。

しかし、そうした生活を自ら勧めたことを後悔はしてない。母親は一日おきに一晩中タクシーの運転手をして、苦労したと思う。自分もひとりで留守番をしてた。けども、父親に怯えて暮らさずにすむことは、本当に良かった。一日一日がすごく平和で、母親との生活の中で、一番幸せな時期だった。母親に愛情を感じて、この母親を自分は必要としているとすごく感じられた時期だった。人生の中で最良の経験は、このころのこと。

母親は仕事で夜中に帰ってくるから、帰ってくるのを今か今かと心待ちにしているのだけど、子どもだから寝ちゃう。でも、夜遅く疲れて帰ってきたときに、子どもがお母さんのためにってごはんを作っていたら、お母さん、喜んでくれるだろうと思って、冷凍ハンバーグをフライパンで焼いて待っていたことがある。良い思い出。お母さんにありがとうっていう気持ちを伝えたかったし、お母さんからもありがとうって褒めてもらいたいなって思って。お母さんと一緒に、もう怯えなくていいんだなあって思いながら。

実際には、うまく焼けなくって、焦げ臭い感じになっちゃったけど、「お母さん、お疲れ様」みたいな手紙を書いておいた。そうしたら、翌朝、「焦げ臭かったけど、おいしかった」って書いてあって、自分的には、すごく嬉しくて、またやろうって思った。レパートリーを増やそうとして、今度は、おにぎりを作ってみようとかと思ってた。そういう小さなことが嬉しかったし、楽しかった。

夜中に自転車で母親の会社に迎えに行って、母親を乗せて帰ってきたこともある。大変な暮らしではあったけれど、充実していた。そのころはお母さんも仕事を頑張っていた。

幻滅してしまった中学一年時の生活

世間一般からずれて、不良志向の強い父親の子どもとして育ってきたと意識してた。子どもながらに、父親の住む世界は、汚い世界だと思っていたから、父親のような人とはまったく違う環境に行きたいと思っていた。

そこで、カトリック系の私立中学校に入学した。その学校は、神父さんの子どもたちも多く通う学校だった。子どもが考えることなのでぱっと見のことしかわからなくて、物事を汚いかきれいかでしか判断していなかったけど、神父さんっていう社会的に貢献度の高い人の子どもたちが行く綺麗な世界なんだろうと、子どもなりに判断して入学を希望した。

その進学に、母親も賛成してくれた。エスカレータ式で大学まで行けるので、その学校を卒業すれば学歴コンプレックスに悩まされることもないだろうって喜んでくれた。恵まれた家庭の子どもたちが通う学校で、今思うに、生活費を切り詰めるだけでは無理で、おそらく父親や父親の実家にも支援を求めたのではないかと思ってる。母親自身が、世間からつまはじきされているみたいな疎外感があったみたいで、子どもには自分と同じになってもらいたくない、子どもにそういうのを連鎖させてはいけない、自分のところで断ち切りたいと思って、そのために親に何ができるかって考えた結果の選択だったと思う。

小学校時代は、転校を重ねたこともあって、たびたびいじめられてきた。でも、それに対して、「いじめる人って、なんて心が貧しい人なんだろう」ととらえていた。一方、教会とかは、無条件に手を差し伸べてくれる場所ととらえていた。だから、カトリック系の学校は、そういう優しい親子ばかりだと思っていた。けれど、その学校でも、偏見や差別があふれてた。

その学校には、小学校もあり、多くの生徒はずっとその中で育っており、「外部は」とか「外の人は」とかよく言ってた。そして、外の世界の人たちのことを、「すごく貧しい心の持ち主で、騙し合いとかがいっぱいある」などと話していた。そういう話をするとき、生徒たちはとても醜い顔になって、言葉遣いも汚くなってた。学校側も、情報操作がすごくて、いわゆる洗脳に近く、外の情報を入れようとせず、とても閉鎖的な世界であった。大半の生徒は、その世界しか知らないから、特段問題視しないのかもしれない。けれども、自分はその学校に中学から入った異端児だった。そして、その学校以外のことも知っていたので、その学校に、鎖国的なものを感じて、こんなところにいては、結局、自分が求めている人に対する思いやりとか優しさとかがどんどんとむしばまれて、冷たい人間になってしまうと思って、退学を決めた。多感な年ごろでもあったし……。

不良化の兆しが見られた中学二年生から高校卒業まで

その学校をやめたとき、母親に、「あなたにはすごく裏切られた」と言われた。そして、その一言が、自分と母親の確執の始まりだった。

地元の一般公立に編入したものの、浮いた存在であった。編入した学校は、下町のごくごく普通の家庭環境の子が通う学校だった。だから、留学経験があって英語もちゃんと喋れて、しかも公立ではなく私立学校からの転入生である自分は、すごくもの珍しく見られた。先生からも、そういう扱いを受けた。

ちょっとそこで間違ったのは、少し悪さをしてみたり不良ぶってみたりするようになったこと。反抗期でもあったし、そうしたことがクラスや学校に馴染むことに通じると勘違いした。学校を休んで友達と遊びに行ったり、先輩とか後輩とかとのちっちゃな社会に固執して、その中で特別になりたいと思ったりするようになっていった。

高校生活は、もっとグレていき、家にもほとんど帰らなかった。当時、母親には新しい彼氏とかができていた。自分の知っている母親と違う面を見せる母親をすごく薄気味悪く感じ、近寄らなくなっていった。女としての母親を見るのは、心地良くなかった。

でも、「何があっても、高校は必ず卒業する」と母親と約束していたので、高校は卒業した。それに、学校に対する不平不満を言っても、成績が悪ければ、わがまま放題に野次をとばしたり騒いだりしているだけと見なされてしまう。だから、しっかりした成績を残したいと思って勉強した。結果、学年で大体一〇位以内には入っていた。

自分を自分で統制できなくなっていった一八〜二二歳

高校時代から交際していた人と結婚して、一緒に暮らし始めた。しかし、相手はグレている人だった。たとえば、一緒にいたいと言って仕事も行かなくなるなど、仕事が続かなかった。だから、生活できなくなる。ご飯も食べれなくなるから、スーパーからご飯ものを盗んできて食べたりして犯罪に手を染めて、どんどん破滅的な状態になった。

母親にそれがばれて、「お金がなければどうにもならないから、別れなさい」と言われたが、その言葉に耳を傾けられなかった。母親が、気持ちで付き合っていないことに、反発していたからである。母親は、交際相手を次々に変えていたが、生活費が入ってこなくなってきたら、違う人を探し始めるという感じで、生活援助をしてくれるかどうかを大切にしていた。

ただし、そうこうしているうちに自分も二〇歳を超えて、就ける仕事もいろいろ幅が広がった。そして、このままだと、世の中から取り残されてしまうと思うようにもなった。そこで、お互い、外の世界に目を向けようと話し合って、距離を置くようになっていった。

とはいえ、父親やこれまで交際した人は、みんな名の知れた暴力団員だった。だから、自分がその名前を言うと、その道では通用した。そして、結局、覚せい剤常習者と交際して、薬漬けにされた。この薬漬けの状態から、どうにか抜け出さなくちゃと思ってはいたけれど、その人が捕まるまで、監禁され続けた。そして、この薬漬けされたことが人生の転機になっている。

その後、母親のところに戻ったけれども、精神的にも肉体的にも、覚せい剤を欲するようになってしまっていた。覚せい剤を身体に入れたときの感覚や、すごく集中して時間の流れを忘れるような気分が思い出されて、覚せい剤で頭をぼーっとさせている時間に戻りたいと、一日中思うようになっていた。

この覚せい剤を初めて身体に入れたときの経験が大人になってからの一番鮮明な記憶。瞳孔が開くからなのだけども、見ている景色が鮮明に光り輝いて見えて、音楽とかその五感もすごく研ぎ澄まされて、いつものクラブに行っても、光や音楽の記憶が鮮明で、とても時間が濃くてあっという間だった。

母親に振り回されるようになった二三歳以降の生活

母親の期待どおりに育たなかった自分は、裏切り者の烙印を押された感じだった。しかし、自分が成人になる前後から、母親が人工透析を受けるようになり、そうなったところ、母親は、急に寂しがり屋になった。しきりに連絡がきた。「もう死にたい」「いつ死んでもおかしくない」「生きる希望もない」と耳が痛くなるほど聞かされた。母親に死にたいと言われると、無条件につらくなった。息を止めたときのように苦しくなって、そんなこと言わないでという気持ちになった。「今から死ぬから」とかと電話がかかってくると、もう何も手に付かなくなってしまう。本当に毎日、振り回される感じだった。

母親は、お金がなくなることが本当に怖かったみたい。生活保護では生活費が足りないとして、自分のところに来て、お金、お金とせびってきた。「まっ、私、死ぬからね、その前に私の借金片しといて」とかと言われるので、「えっ、ちょっと待って、借金のせいで自殺するとか言わないで」となだめて、「じゃあ、私、借金返しとくから」みたいなことが延々と続いた。「死ぬ」っていう言葉を人質にとられて脅されて、どれほどつらい思いをしたことか……。とはいえ、自分もそんなに生活が楽な方ではない。そこで、母親にそのように迫られると、犯罪とかに手を染めて、金を調達するしかなかった。

二三歳のときに、娘を生んだ。孫ができたことで母親は一転して、長生きしたいと思うように変わった。しかし、生きていくためには、お金も健康も必要である。母親なりにお金を増やすつもりだったみたいだけど、ことごとく空回りしちゃった。回収できない先行投資を繰り返してそのしわ寄せが、いつも自分のところに来て、その尻ぬぐいを何回もしているうちに、犯罪に走ってしまった。無尽蔵に自分にお金が入るのではないことくらい、母親もわかっているはず。でも、あの人の欲求、要求は止まらなかった。自分としても、孫のためにとせっかく生きる希望を見いだせたのだから、生きる幸せをもうちょっと長く与えられたらなあと思ったりした。

実際、自分が初回受刑に至った事件では、母親も一緒に逮捕された。けれど、母親は障害者一級であることを配慮され、在宅起訴となり執行猶予判決になった。そして、自分が主犯として扱われることになった。当初、自分に対する取調べで、自身の生活状況における収支のつじつまが合わないとされ、母親への支出の多さが明らかになっていった。そして、裁判官から、「母親と縁を切りなさい。そうしないと、あなたの人生、これから何度も、こういうふうにお金に振り回されて、同じこと繰り返しますよ」と言われた。

母親の容態は、人工透析では不十分で、腎移植をしないと長くは持たないと医者から宣告された。その際、自分は腎臓の提供を申し出たけれども、検査の結果、自分も同じ病気を持っているので、移殖が不可能であるとわかった。自分としては、母親に腎臓をあげられないことに落胆した。加えて、ゆくゆくは自分も、母親と同じ病気になるんだということにも、ショックを受けた。しかし、母親は、腎臓をもらえないので、この先何年も生きられないと嘆くだけ。その母親の反応にもとまどった。「確かに自身が生きることも大事かもしれない。だけども、自分が娘に同じ病気を遺伝させてしまったって申し訳なく思うんじゃないの？　少なくとも私だったら、そう思う」と言って、喧嘩した。

とはいえ、それ以降も、母親の治療をめぐって、あれこれ情報を集めたりした。この時期は、本当にいろいろと母親のために動いた時期だったと思う。ともかく、母親を助けたいという一心だった。

一回目の受刑生活中は、高い理想を持ちすぎたようで、社会に戻ってから、自分の思い描いていることと自分のできることの力の限界とかギャップとかを感じてしまった。思い描いていた更生とか自立とかに対して、すごく高い壁に阻まれている気がした。乗り越えなきゃいけない試練がたくさんあると感じて、無理していたみたい。娘のために働いて、つまり世間一般でいう働くお母さんを目指したい一方、母親の看病を考えると、働きに出られない。娘のことを考える一方で、母親のことも考えると自分のとれる行動がすごく制限されてしまうと、思い悩んだ時期だった。

結局、再犯して、再度、受刑することになり、その受刑中に、母親は死去した。母親のために費やした時間や捧げたエネルギーはあまりに多すぎた。どれだけ、自分を振り回し、自分の力を奪いとったのかとの思いがある。その一方で、娘が生まれるまでは、母親と自分とは、一対一の関係でしかなかったけれど、母親にとって孫という存在ができてからは、自分もやっと「家族という輪」を初めて感じるようになっていた。だから、「まだまだこれから」と思っていた。自分の受刑中に母親が亡くなって、娘の面倒を見る人がいなくなったので、娘は施設に預けられる結果になった。母の死の影響は計り知れず、「すべて喪失した」。

自己分析と今後の抱負

人間が生きる上で大切な価値について、筆者が尋ねたところ、「人に愛された記憶」と返答してくれた。「愛されていたという記憶をもとに、自分で自分を愛していける」「家族からの愛されていた記憶が自尊感情に繋がっていく」と説明してくれた。

たとえば、自分は父親から大事にされた記憶がないので、異性の愛情表現に気づけない。この人、こういうふうに愛情をかけてくれているんだって判断できない。そのような経験がないから、世間から与えられる表面的な情報や上っ面な小説などで、その問題を判断してしまう。失ってはじめて、自分に対しての愛情だったと気づいたりする。愛情だってはっきり言ってもらわないと、気づけない。

さらに、承認欲求がすごく強い。誰でもそうした欲求はあるだろうけど、母親に褒めてもらいたい、わかってもらいたいっていうのが強くて、「それは異常なほど」だって自分でもわかっている。

そして、次のように自己分析している。

人から理解されないような家庭環境で育っており、その幼少期に私に植え付けられたものは、誰にも到底わからない、理解してもらえないっていう思い。自分の導き出す答えとか、とる行動とかは、確かに変わっていたと思う。けれど、周りから変わっていると言われ続けてきたので、さらに、その思いが強まってしまってる。

愛情をかけられても、それが愛情だって気づかなかったこともあるのだろうけれど、ともかく愛情をかけられたいとの思いが強い。だから、まったく違う意見を自分が持っていても、カメレオンみたいに相手が自分に何を期待しているかを考え、ひたすら受け入れてもらおうとしていた。だから、実際には、一貫性のない支離滅裂な人間になっている。

人前に出て、礼儀作法をわきまえて振る舞える。すぐに打ち解けられて、覚えてもらえるように印象づけて、しかも、バカでないって思われるような言動ができる要領の良さは身に付けている。しかし、それは表面上のもの。中身はほんとにずぼらで、嫌なことは後回しにするダメな子。

自分なりに努力して、少し良くなってきたと思うと、それを自分で壊すようなことを平気でしてしまう人間。たとえば、前回の刑務所からの仮釈放中、更生保護施設にいた際には、とてもお利口さんで、毎日頑張って仕事に行って、問題を一切起こすことなく、それなりに成果を残すことができた。なのに、刑期が終わってそこを出てひとりになってからは、その気持ちが続かなかった。わが子を施設から引き取るっていう目標があったのに、しばらくは無理そうで、いつかもわからない状況では、頑張り続けられなかった。更生保護施設にいたときは、仕事に充実感を持てていたのに、ひとりになった途端、同じ仕事なのに疲れるだけになっちゃった。

筆者が、今後の見通しや希望を尋ねた。すると、「喧嘩しないですむような穏やかな人と一緒に暮らすのが夢」と語る。贅沢な願いなのだろうけれども、愛情がなくなるかもしれないとかと、びくびくしながら暮らすのは嫌だとする。少なくていいから、常に安定した愛情を供給されていたい、愛情が「10」のときもあるかと思えば「0」とかになっちゃうときがあるくらいだったら、毎日「1」の愛情を続けてもらいたいなどと話す。

また、今まで周りと適応しようとして、本当の自分を隠してきた。でも、それは自分に明らかに嘘をついていることになる。多少嫌われてでも、背伸びすることなく、地味でいいから着実に振る舞えるようになりたいと語ってもいた。

コメント

社会適応する気力が失せてしまって、この語りの後に再度、犯罪に至っている女性である。犯罪をやめるという決意表明では、真っ当なことを言えている。頭では自身がどうあるべきかを理解している。高校時代、遊びまわっていながらそれなりの成績を保持できていたことからも推し量れるように、地頭は良い。しかし、気持ちがついていかないのであろう。さらに、繰り返し受刑する中で、失うものはもはやないと受け止めて、犯罪への抵抗感も乏しくなってしまっていると読みとれる。すでに母親はこの世にいないし、わが子もいつ自身のもとに戻るのか見通しがつかない状況にいる。加えて、長年交際してきた相手も失ってしまった彼女にとって、社会生活の中に心を通わすことができる人は見当たらない。それに引き換え、刑務所には、曲がりなりにも、彼女の世話を焼いてくれる職員等がいて、彼女の頑張り次第では、それなりの承認欲求を満たすことができる場になっていたのかもしれない。

しかし、彼女が最初から、投げやりだったわけでは決してない。小学校時代の友達作りについての工夫や留学して父親と距離をとろうとしたエピソードからは、彼女が賢明に主体的に生き延びようとしてきた様子をうかがい知ることができる。

博愛精神に満ちた集団と期待して入った中学校で体験した選民意識のエピソードも、興味深い。その後、あまり葛藤した様子もなく、彼女は不良文化に接近するようになっている。どの世界も、世間があれこれいうほどの差はないと認識するように変わっていったのかもしれない。さらに、母親が「女」として振る舞う現実から目を背けようとして、家以外に関心を向けたことが、不良交友を深めさせる背中を押したと解釈することもできよう。

それにしても、彼女が、期待する母親像を追い求め、そうでない現実に直面しては傷つき失望しながらも、それを繰り返し求める姿には、目を見張るものがある。父親に我慢ができないとして立ち向かった母親に対して、殺人犯に母親をさせたくないとの思いからとった彼女の行動の心意が母親に伝わらず、母親に「置き去りにされ、捨てられた」傷つき体験、父親からの被害を自分だけが免れるのは良くないとして、留学を途中で取り止めて母親を守ろうとしたこと、夜勤の母親を慰労しようとしたエピソードなど、子どものころから、母親に心を配り、自己犠牲的に振る舞っていたことが見てとれる。

そして、成人になって以降、母親の金銭面での要求に応じようとして、彼女は犯罪に走り、受刑に至っている。

幼少期のみならず成人になって以降も、彼女が期待するような十分な心理的交流を母親ともつには至っていない。にもかかわらず、母を放置しておくわけにはいかないとの気持ちに駆られてしまっている。否、十分な交流をもてないことについて、自身が母親のニーズに十分応えられていないからと解釈して、期待するような母親の反応を夢想しては、取りつかれたかのように行っているようにも映る。

彼女自身、裁判官から、母親に巻き込まれないようにとアドバイスされたと思い起こすことはできている。しかし、行動が伴っていない。母親の気持ちと自身の気持ちを分けて冷静に判断することができず、母親の気持ちに飲み込まれてしまっている。明らかに、自他の心的境界があいまいになっているがゆえの反応と言える。

結局、期待する母親というものを実感することができないまま、母親は他界してしまっている。子ども時代にいわゆるわきあいあいとした家族という体験をしてこなかったところ、娘が生まれ、やっと母、本人、娘という「家族」を体験しようとしたところだったのに、と残念がっている。母親の愛、家族愛を体験するという課題が宙吊り状態になっている。

そもそも、彼女は、母親に限らずとも、誰かにしっかりと受け入れてもらえたという実感を持てずに今日に至っているのであろう。それゆえ、相手の顔色を見て、相手のニーズに合ったその場しのぎの言動を取り繕うことで、かろうじて、相手に認めてもらい、その関心をつなぎ止めることを繰り返してきたにちがいない。認めてもらうことで、自分の存在を確かめようとしていたのかもしれない。

しかし、そうすることで、かえって相手方も、彼女の本心を掴みかねてしまうのかもしれない。さらに、他者に合わせることを軸に据えて、自己成長を図るべく取り組んでこなかったため、日々の努力が自身の糧なり肥やしにならないできてしまったようである。そして、現時点では、本当の自分がどういうものかもわからなくなってきているのではなかろうか。

第5章

家族の借金返済を買って出て、万引きを繰り返すに至った女性

成績優秀な姉妹と称されて、地元の大学を卒業後、地元の優良企業に就職し、結婚も目前。順風満帆の生活を送っていた。しかし、父の借金を知り、その返済を自分がすると決め、高収入を得られる職を求めて上京。実家に少しでも多く送金しようとつましい生活をする中、万引きを繰り返すようになっていった三〇代後半の女性の話である。

順風満帆だった日々

かなり恵まれた家庭環境だった。両親の仲も良かったし、姉もいい人で、家族を見守ってくれる母方の祖母も、とっても優しくて、何不自由なく愛情いっぱいに育てられた。家族で遊びに行ったことなど、楽しい思い出ばかりである。筆者が子どものころの悪い記憶を尋ねても、「なかなか思い出せない」と答え、やっと思いついたのも、「うんていから落ちて、前歯で下唇を切って七針縫ったこと」や「視力が悪くて、眼鏡をかけてるのが嫌だった」程度にとどまる。

特に、子どものころ、母方の祖父母親宅に遊びに行って、いろんなところに連れて行ってもらったりして、一緒に過ごしたことはすごく楽しかった。温かい家庭だったとか、楽しい幼少期を過ごせたっていうことを思い起こそうとすると、このことを思い出す。「自分、恵まれていたんだな」って思う。

実は、元々、父親は金銭面での問題をかかえていた。しかし、自分のちっちゃいころの記憶では、両親は仲が良かった。そのような父親だったから、母親は家計を遣り繰りするのは、すごく大変だったことは容易に推察できる。でも、だからといって、その関係が冷え切っていたわけではない。子どもの前で良い夫婦を演じているというわけではなく、気持ちは通い合っていたはずと思っている。

母方祖母には本当になついており、幼いころだけでなく、ある程度大きくなってからも、夏休みや冬休みといった長期の休みのときには、ちょくちょく行っていた。この祖母は、自分が就職して一年目に亡くなったが、この祖母が亡くなったことが、人生で最悪の出来事。その日が一番つらかった。高齢だったこともあって、肺炎をこじらせて亡くなってしまった。しかし、自分は就職一年目で忙しく、心ゆくまで見舞いに行くことができなかった。それが今でも悔やまれる。以前に父方の祖父母が亡くなっており、これが初めての親族の死というわけではなかったけども、父方祖父母とはあまり交流がなかったので、心象はまったく違っていた。

本当に誰にでも優しくって、困っている人がいたら、すぐに助けるような母方祖母。おばあさんなのに綺麗で、どこに行っても素敵なおばあさんねって言われるような自慢の祖母だった。母親は四人兄弟の末っ子だったこともあってか、この祖母に随分と可愛がってもらったようだった。亡くなってからも、このおばあちゃんに見守られてるっていう感覚が自分にはしばらくあった気がする。

社会人になるまで、大きな挫折を経験していない。高校も進学校に入学できたし、大学も地元の国立大学に入ることができ、就職もその地元では、名立たる企業に勤めることができた。賢く振る舞えるという自負心を有し、自身が思い描いたような進路を着実に歩んでいた。

実力からすれば、地元を離れて、より上位の大学なり優良企業なりにチャレンジすればチャンスもあったかもしれない。ただ、周りを見ても、地元の大学を出てその地で就職する人が多く、その当時は自分もそれが一番良いというか、当たり前みたいにとらえて、それ以上にはあまり考えなかった。

就職先の人間関係も良く、働きやすい会社だった。つまり、自分の置かれた状況に満足した日々を送れていた。

父親の借金が発覚して

就職して五年目に、父親の借金について知った。母親が隠しきれなくなって、自分も知った。そして、その家庭の問題を自分ひとりが全部抱え込むことになって、それまで働いていた職場を辞めるに至った。今思えば、この時期が自分の苦しい生活の始まりだった。

母方の実家はかなり経済的にも恵まれていたから、母方祖母たちが元気であったならば、母親は最終的に頼ったと思う。そうしたら、自分が上京しなかったことは間違いない。しかし、すでに他界してしまっていた。母方兄弟もみんな、裕福なので、助けを求めれば助けてもらえたかもしれない。けれども、母親は恥ずかしいことなので、そのようなことはしたくなかったのだろうと思っている。

実は、父親は高学歴ではあるものの、学生時代からギャンブル癖があった。そして、若いころは、転職も重ねた人であった。母方祖父母は、昔から心配しており、折に触れて「今はもうギャンブルしてないんだよね」的なことを、母親に確認していたそうである。でも、母親は父親を尊敬する子に育てたかったということで、大きくなるまで、その事実を隠していた。

長らく借家住まいをしており、家を建てることになった際、母方祖父母が「ああ、あの人も、ようやく家を建てられるようになったんだね」と喜んでくれたと、母親から聞いている。しかし、実際は、違っていた。父親は、ローンの返済に充てるはずのお金をいつしかギャンブルにつぎ込み、さらには消費者金融に手を出すまでに至っていた。家のローンの管理を父親にさせたのがいけなかったと母親はよく言っている。

父親の借金のことを知った当時、地元に恋人がいた。就職先で知り合った人だった。自分の実家の目と鼻の先にお相手は家も建てて、後はもう結婚だけというところまできていた。でも、家の問題があったので、どうしても結婚することはできなかった。本当だったら家のことも話して、一緒に解決するべきだったのかもしれないけれど、家のそんなみっともない話をすることはできなかった。

「東京で仕事をしたいから、まだ結婚するのはいや」って、仕事を選ぶ理由をつけて別れた。そこで打ち明けられていたら、こんなふうにはならなかった、っていうのは確実。これが転機だった。

そのお相手には、最初、二〜三年で地元に戻ると伝えて、上京した。しかし、どう頑張っても、二〜三年で家の状況を変えることは無理とわかった。そして、このままずっと待たせていても相手に申し訳ないし、自分もつらいということで、一年後に別れた。

母親は、「家のことは関係ない。こっちは、もういいから、何も心配せずに、結婚しなさい」って言ってくれたけど、私の中では、そうはいかないって。それはできなかった。

地元では優秀な姉妹で通っていた家族。姉も同じく地元の国立大学卒。ただ、自分は要領が良く、やり手であるのに対して、姉はおっとりした性格。だから、姉には、経済面ではなく、母親の面倒などを見てもらうのが良いと考えた。母親も、自分が子どものころは働いていたけれども、ここしばらくは専業主婦。だから、自分がやるしかないと思った。

地元はそれほど経済規模が大きくなかったので、ダブルワークをすれば、すぐにそれが周囲に知れてしまう。そこで、借金返済のために上京することを決めた。「そこまで家族のことを思わず、自分の幸せを追い求めても良いのでは？」という筆者の質問に対しては、「そんなことはまったく考えられなかった」としている。

大人になって以降の思い出としては、前述の交際相手といろんなところへ行って楽しかったことのほか、母親と姉と一緒に海外旅行に行ったことが、すごくいい記憶として残っている。母親は以前から海外旅行に行きたがっていたので、プレゼントできて、すごく嬉しかった。姉は自分の旅費を賄うだけで精一杯だったけれど、自分は待遇の良い会社に勤めていたので、母親の旅費や現地での小遣いを出してあげられた。

ところで、この旅行のころ、母親は消費者金融からの請求書がちょこちょこ来ていることにすでに気づいていたらしい。でも、おそらく母親自身、事態がそこまで深刻であるとは知らなかったのではないかと思っている。

私や姉はまったく知らなかった。わかんなかったから、できた。わかってたら、海外旅行なんて行かなかったし、そこから返すお金を作れたし……。でも、金にだらしのない父の実態を子どもに隠し続けて、若いころから遣り繰りし続けて、十分に楽しむこともなかっただろうから、それぐらいの楽しみはあって良かったんだろうなって、今は思っている。

ひとりで上京して以降

上京すれば何とかなるという思いだけで、スタートした。就職先が決まっていたわけでもないし、頼りにできるあてがあったわけではない。とりあえず、携帯のネットとかで寮がある仕事を見つけて、そこで働きながら住居探しをし、何とか自分の生活の基盤が作ることができた。初めのころは派遣として働いて、少し経ってからは正社員として勤めることもできた。また、夜の仕事とかの副業もした。そのようにして得たお金を実家に仕送りしていた。

月一〇万円くらいは送っていた。自分でも、よくやったと思う。

ひとりで生活することは、初めてであった。その生活自体を、特段寂しいなどと思ったことはない。けれど、正月に帰省した際には、「ああ、家はやっぱり温かくて楽しくていいな」って思った。借金が明るみになって以降、父親は実家近くで別居するようになったけれど、声がかかると、手土産を持って実家に顔を出していた。この父親のことを話題にする際も表情を交えずに語っていた。

万引きを始めるようになって

それまで何をやっても結構うまくできていたこともあって、自分を過大視しており、上京して一～二年何とかすれば、借金もどうにかなるだろうと見込んでいた。でも、現実は厳しく、いろんなものが少しずつ壊れていった。そんなに自分をすり減らさなくても、どうにかいけるでしょうみたいな余裕があるはずだったけど、実際はそうじゃなかった。しかも、かなりつらい状況であっても、まだいける、まだ平気って、ずっと思っていたというか、思い込もうとしてた。自分さえ我慢すれば、家族が幸せになると思っていた。幼いころ、こんな思いが芽生えたことはなかったが、家のローンのことを知ってからは、家族を救うことが自分の使命であって、自分さえ頑張ればと思うようになっていった。

しかし、そのような切り詰めた生活をしている中で、犯罪に手を染めるようになってしまった。今まで万引きとかの犯罪は、テレビの世界のことだと思っていた。ものに囲まれることで、ひとりぼっちの寂しさを埋めようとしたわけではない。けれども、まったく何もない状況で生活が始まったので、ストックがないと不安になり、ものがいっぱいあるとほっとする。洋服とかは捕まると思って怖くてやらないけれども、自分が使う可能性がある日用品は、使いきれないほど盗っている。四六時中、万引きのことを考えているわけではないけど、店に行くと盗りたくなってしまう。苦労して生活しているから、万引に成功すると、「これで人と同じスタート地点に立てた」と感じる自分がいる。

上京してしばらくは、ちょっとしたことを話したり遊びに行ったりする友達もいたのに、万引きを始めてから、そういう付き合いもあまりしなくなっていった。万引きをすることの方が、大事になってしまっていたのかもしれない。

上京して四年目あたりから、警察につかまるようになった。初めて警察につかまって、警察から家族に連絡がいったときの家族の反応は、「なんでこんなことするの？　信じられない！」だった。「その反応に対して、いろいろな思いが起きたのでは？」と筆者が尋ねるが、「そういうふうに言われるのは、当たり前のこと」と語る。そのことを聞きつけて、家族が慌てて上京したエピソードは語られない。

家族にそのことが知られ、「そんなにつらいなら、大変なんだろうから、しなくていい」と仕送りを断られた。しかし、自分にとって、それは許せないこと。ちょっとでも送りたいって気持ちが強かった。そこで、家族に万引きがバレた後しばらくは送金額を減らすものの、徐々にまた、増やしていった。

「送金することに意固地になっていた？」との筆者の問いかけに対して、「自分が何かに使うくらいならば、少しでも仕送りしたいし、助けになりたいっていう思いしかなかった」と否定する。さらに「反対に、万引きが見つかったけれども、これだけ自分はできるんだって示したかったの？」という問いかけにも、そういう思いもなかったとする。

自分で仕送りの額を決めていた。そして、自分の生活費が足りないからといって、その仕送り分の一部をそれに当てるなど融通することは考えられなかった、と当時をふり返る。

そして、もう二度としないと決めるにもかかわらず、しばらくすると、またそのときのつらさを忘れて、犯罪をするようになり、それを何度も繰り返すようになっていった。何度も許されたあと、執行猶予をもらい、それでも更に続けて、実刑判決となって、刑事施設で受刑生活を送ることになった。

なお、今回の受刑前、留置所にいたとき、「もう仕送りは不要。消費者金融への仕送りも完了した」と知らされた。ただし、その語り口は淡々としていて、安堵した表情などは伴っていなかった。

受刑を終えた時点での思い

犯罪に手を染めたことを、人生の中で最も後悔したこととして挙げる。今まで築き上げてきたものも、何もかも失ってしまい、堕ちるところまで堕ちてしまったと自身をとらえている。何度も何度も繰り返して、ついに刑事施設に行ったとき、どん底だなって思った。ただし、今思い返せば、初めて万引きをしたときが、やっぱりどん底の入り口だったんだなって思っている。

上京当時は、既述の祖母が、いつも自分を見守ってくれていると感じていた。でも、万引きを始めるようになってからは、そのように感じなくなっていった。それまで行っていた墓参りにも行かなくなった。今思えば、後ろめたい気持ちから、墓参りに行けなかったのかもしれない。こんな自分を見守ってほしくない、見られたくない、知られたくない、そういうのがあったんじゃないかなって思っている。

一方で、何も持たないで上京したことを、人生で最も挑戦したこととして挙げている。それが原因で犯罪に走ってもしまったけれど、上京したからこその出会いもあった。失くしたものよりも得られるものの方が大きかったんだなって今は思える。

上京して一〇年弱になるが、その間ずっと、「ひとり」でやってきた。上京してきた理由とかを誰かに言ったこともなかった。その間、交際を申し込まれたこともある。しかし、家のことをやっぱり言えなかった。それに、そのとき、すでに万引きが始まっていて、まったくお付き合いなんて考えられなかった。

ところで、自分が捕まった際、受刑前に勤めていた会社の仲間がいろいろと動いてくれた。それを知って、自分を支えてくれたり必要としてくれたりする人がいたんだと、気づくことができた。警察に捕まって、自分が職場を欠勤した際、欠勤するような人じゃないから、何かあったんじゃないかって心配してくれて、ひとり暮らしだし、と警察に通報してくれた。そして、自分が逮捕されていることが判明してからも、早く出られるようにと情状証人とかを引き受けても構わないと言ってくれた。また、弁護士も国選では頼りないだろうからと、万引きに詳しい弁護士を手配してくれたりした。そこまで甘えるのは、自分の中で絶対できないと断ったけれども、弁護士費用も立て替えてくれると言ってくれた。そして、こんな事件を起こしたと知りながら、また戻って働いてほしいって言ってくれる人が多く、自分を必要としてくれている人がいるってわかった。困っているとき、助けを求めれば、助けてくれるんだと実感できた。

このような万引きをするのは、自分だけかと思っていた。しかし、弁護士の紹介で保釈期間中に入院した窃盗症治療の専門病院でできた仲間が、かなり大きな心の支えになった。ものに溢れてないと不安になるのは自分しかいないと思って、人ともどんどん遠ざかっていった。だから、入院先で、そういう気持ちになっちゃう人が、自分以外にいるんだと知って、心強く感じた。病気といって片づけられるわけではないけれども、同じ悩みを持つ人と体験をわかち合えて、つながっている気持ちがした。

これからしたいこと

どん底から這い上がるには、とにかく万引きをしないことである。自分と同じ症状があったものの、退院して、今、頑張っている人たちが全国にいるので、その人たちに会いに行きたい。

入院生活では、もののない生活をする訓練から入り、本当に必要最低限のもので生活できることを学んだ。刑務所では、ものがないことに加えて自由もないけれども、ご飯は食べられるし、お布団で寝られる。これまで、盗ってでもものが溢れた中で生活しようとしていたけれど、ほとんど何もなくても、十分生活できるし、幸せを感じることもできるとわかった。ただ、正直、いつまたやりたくなってしまうかという不安もある。そうした現状の自分について、情けないと感じる。

理想としては、結婚相手を見つけて結婚して、子どもを産んで、小さな幸せでいいので家庭をもちたい。ただ結婚できなくても、それはそれでいい。そのときは、もう自分で仕事を続けて、小さな幸せでもありがたいなって思って生きていけたらなって思う。まずは、いつまでに幾ら貯めてという金額を決めたので、働くことを最優先させるつもりである。

それと、旅行が好きだから、また旅行に行きたい。これまでは、海外旅行が好きだったけれど、国内でも行ったことがない良いところがたくさんあると知ったので、国内旅行をしたい。そのときには必ず、母親を連れて行きたい。「お母さんを旅行に連れて行くのって、大切？」との筆者との問いに、「うーん、母親を喜ばせたいっていうのもあるし、自分が母親を喜ばせるのがすごく好きなんでしょうね」と答える。できれば姉も連れて行って、三人で楽しみたいけれども、姉は多分仕事があるから、そう頻繁には行けないだろうと予想している。「ともかく、家族が好きなんです」と答える。

ただし、このように母親や姉のことを好きとしながらも、それ以外の気持ちものぞかせている。

今回捕まってから、母親や姉が、借金の返済も終わったし、地元に帰って来いと誘ってきて、自分も一旦は戻るのはここだと思った。けれど、施設入所中の自分へのかかわり方は、自分の意向を無視した一方的な感じで、うんざりしてしまった。自分が自身に対して抱いている不安なり恥じらいなど、母親や姉には到底理解できないと感じてしまい、事件が地元でバレるのも嫌だから、地元に戻るつもりはなくなっている。

借金の件で別居させられた父親も、その後、一度は家に戻ったものの、現在は単身生活をしている。おそらく、自分が感じている一方的なところに息苦しさを感じたのではないか、と解釈している。父親は自分の気持ちをわかってくれて、地元に戻らず生活をしていくための借家の保証人を今回引き受けてくれることになった。

幸せについての考察

筆者が、「人間が生きる中で最も大切な価値観は？」と尋ねたところ、「幸せだなって思うこと、そう思うことが大事」としている。さらに、「幸せは、どこからかやって来るものなのか、それとも自らが作っていくものなのか」

と尋ねたところ、「気づいてないだけなんだなって思う」と答えてくれた。

実は「自分はすごく孤独」とか「なんで私だけこんな思いしなきゃいけないんだ」とかとよく思っていた。しかし、本当はかなり幸せに生活していて、恵まれてたんだなって気づいたから、自分で得るものとかそんなのじゃなくって、実際は気づいてないだけだったんだって、思うようになった。

ものがあれば幸せだと勘違いしていた。けれども、ものはそんなになくても良くって、大事なのは、心の満たされ具合なんだなって思い至った。目には見えないけれども、誰かに必要とされるとか、自分の存在価値があると思えれば、幸せなんだなあって思う。

このような事態になる前に、どうして周りに頼らなかったんだろうと悔いている。頼ったり相談したりする機会って、いくらでもあっただろうに、どうしてそれを利用しなかったのかなあって、自分のことをすごく不思議に思う。自信過剰だったのか、プライドだったのか、見栄だったのか。本当に強がってばかりだったけれども、強がることに何の意味があったんだろう、と思うようになっている。

コメント

打てば響く感じの対応ができ、気配りをしながら、かつてきぱきと要領良く行動に移すことができる人である。ものわかりがよく、責任感も強い。だから、周囲から好印象を持たれやすい。おそらくそのような彼女だからこそ、逮捕されたことが発覚した際、職場の人々も、甲斐甲斐しく対応してくれたのであろう。彼女自身、物事に自主的に取り組む傾向を有する傾向、人のために労力を惜しまない傾向を有していると自己評価してもいる。

借金を作ってしまった父親やその借金を返せる財力がなさそうな母親や姉について、直接的に攻撃するような話は、まったく出てこない。他者のことを信じる傾向、疑念を持とうとしない傾向を有すると、自己評価している。家族の問題について、不平不満を表明することは、この自己評価に反すると自戒しているのであろうか。

父親の借金が明るみになった際、家族を立て直せるのは自分しかいないとして行動を起こしている。彼女が語る上京したころの様子からは、かなり無理していたことが見てとれる。婚約者もおり、自分のことを考えれば良い、と母親から言われたともしているが、一体何がこれほどまでに、彼女をつき動かしたのであろう。

母親の配慮から、ギャンブルの問題を抱えた父親であることに気づかずに大人になったことに触れている。望ましくない父親像を子どもに知らしめるのは良くないと他者を慮ってきた母親の姿を知って、「言えない真実があること」を、身をもって学習したことになろう。しかし、そのことで、幸せと感じていた子ども時代の家族像が、虚像であったと知った彼女は、それをどのように心的に処理していったのであろうか？

現実は現実であって、隠すことは裏切り行為であると解釈したかもしれない。だからこそ、隠さずにすむよう借金問題を解決することが、彼女の最優先課題となったのかもしれない。身近な人との関係性だけでなく、世間やより広い社会一般との関係性にも気を配ることが大切であるとの価値観を有する彼女なので、そう判断をしたとしても、あながち不思議ではなかろう。

何事もできる限り肯定的に解釈しようと努め、自分にとって不都合なことであっても、目をつぶらないようにしているとの自己認識を有している彼女である。さらに、悩んだりする気持ちも、しっかり自分で受け止められるはずと見なしている。気を張って、頑張れば、自分にはできると自己暗示していたのであろう。しかし、その自己認識が、助っ人も求めないことに通じてしまったことはあるまいか。

目標を定めては、それにまい進する真面目で一途なところがある。自分なりに課題を設定して、主体的・積極的に生きてきたつもりであろう。できる限りの仕送りをしていたと見受けられる。しかし、いつしか、万引きするようになり、その努力も空回りしてしまっていた。彼女の語りの中に、家族がその仕送りに感謝してくれた話はまったく出てこない。彼女の努力とは裏腹に、母親や姉が、彼女が犯罪に走ったという点にのみスポットを当てて接してくることには、しっくりいかなさを感じたことであろう。「だから無理しなくていいと言ったでしょう」としか、受け止められていないことを無念にとらえているのではなかろうか。

今後の彼女の生活設計について、母親や姉には結局後押ししてもらえなかった一方、借金を作ってしまった父親はある程度の理解を示してくれたと語っている。あちらの人間である母親や姉には、自分や父親の気持ちはなかなかわかってもらえない、ととらえている。その一方で、母親を喜ばせたい旨を熱く語っている。そうすることで、子どものころの原風景が、自身の思い過ごしでなかったと確認したいと思っているのかもしれない。

万引きの症状に打ち勝てない自分に、彼女自身、とまどいを覚えている。母親や姉が呆れるのも致し方ないし、このようなことをするのは自分しかいないと思っていた。しかし、専門病院での入院経験を通じて、万引きを繰り返してしまう症状を抱えているのが自分だけではないと知りえたことは、少なくとも彼女が抱えている孤立感の軽減に資することになったと思われる。そして、その仲間の中には、退院後、万引きをせずに社会生活を送っている人がおり、それが彼女に希望を与えるに至っている。

彼女の話の中に繰り返し登場する母方祖母とは、感情交流を伴う対人関係を結べていたと推測できる。その祖母が笑顔で、「これまで家族のために本当に頑張ってきたね、ありがとう」と母親や姉の面前で言ってくれる夢を彼女が見られるようになると良いな、と筆者は思った。

第6章

世間知らずで反社会的な人に利用されてしまった女性

早くに母親を亡くし父子家庭に育つも、経済的に恵まれ、したい放題にさせてもらいながら育った四〇代半ばの女性。世間知らずな言動に対して、父親が防波堤になってくれていた。しかし、その父親が逝去するや瞬く間に、反社会的な人々に利用され、違法薬物の運び屋をして、逮捕され受刑に至っている。

幼かったころ

経済的に恵まれた家庭に生まれた。祖父が地主だったこともあって、少なくとも祖父の代から、かなり裕福な生活をしていたと思う。父親自身も、中学から名門の私立校に行っており、名の知れた大学の出身者である。

幼稚園くらいのときは、すごい甘えん坊さんで、両親にずいぶん甘えていた。「すごいお転婆」とも言われていた。でも、小二のとき、母親が亡くなった。この母親が亡くなったことが、子どものころの最悪の出来事。

学校に行っていたころ

「みんなにはお母さんがいるけれど、私にはいないから……」みたいな感じで、かわいそうなヒロインのように振る舞っていたけれど、父親はすごく一生懸命やってくれた。食事の用意もしてくれて、食後にはかならず、果物のデザートが出てきた。クリスマスのときは毎年、必ず普通のケーキとアイスケーキが並び、お寿司とチキンがあった。元日にも誕生日にも、必ずお寿司をとってくれたし、季節の行事もしてくれた。たとえば、節分には豆をまき、お雛祭りには雛壇を飾って雛あられとちらし寿司を食べて、子どもの日には菖蒲湯に入って柏餅を食べて赤飯を食べて、十五夜にはすすきやお餅と丸い果物、巨峰と梨と栗とさつまいもとかをお供えする。きちんとやっている家って少ないらしいのだけど、それが当たり前として育ってきた。食卓には、いつも旬のものや露地ものが並んでいた。だから、友達の家でクリスマスのパーティをしたとき、季節外れなのにイチゴが出てきたときはびっくりして、帰ってから父親に報告した。「ハウスものはおいしくないでしょう」と父親は笑って言っていた。そういうイベントや季節を感じさせてくれた父にはすごいなって感謝している。お餅も、杵で搗いたものしか食べなかった。だから、友人宅で真空パックに入った餅が出てきたとき、驚いた。友達から、「あんたのうちは贅沢だから」って言われていたけれど、自分にとっては、それがごく普通だった。

夏休みとかの長い休みの期間は、父方の兄弟夫婦のうちに泊まらせてもらっていた。その親戚宅には子どもがいなくて、すごく可愛がってもらえたから、「もう行くのが、楽しみで、楽しみで」という感じだった。母親がいなかったから、お母さんの味、母親の味になんかすごく飢えていて、その親戚宅ではそうしたものを味わえたから、すごくワクワクした思い出がある。父親が用意してくれるものとは違う感じで、新鮮だった。小六のとき、父親が心筋梗塞で入院した際にも、その親戚宅のお世話になった。そして、その間、父親と離れて生活したけれど、寂しいなどと感じずに過ごせた。

中学に入ってからの生活については、学校で毎日のように友達に会えて、遊んだのが楽しかった。先のことなど何も考えずに、とにかくその場その場で行動していたのだけれど、なんか毎日毎日が新鮮で、浮かれていた感じ。出会うことすべてにわくわくする感じで、そこには必ず友達がいた。この中学時代が、人生最良の時期だったと思う。

この友達ができたことが、子ども時代の一番良い思い出。大人になってからの友人は、上辺だけっていう感じだけど、学生時代の友人は、裏表のない付き合いだから、今でもお付き合いさせてもらっている。それって、宝物ですよね。

たとえば、自分がバイトしていると聞きつけると、バイト先まで押しかけてきて、ちゃんとやってるの、みたいに干渉してくる友達。その当時は、嫌だな、しつこいな、うるさいなーって思っていたけれど、今思えば、本当に良い友達と思ってる。

自分は、友達のために何かしたことなんかまったくない。なのに、みんなは、自分のうれしいことも悲しいことも一緒に体験してくれて、それがすごいなあと感謝している。そして、みんなが自分のことを、自分のことのように心配してくれたり、喜んだりしてくれて、そうした経験ができたからこそ、今の自分がいると思う。そういう意味で、すごく影響を受けた。

上京してからの二〇代

地元の友達の中には成績優秀で、役人になっている人もいる。けれど、自分は特段成績が良いわけでもなかったから、親に勧められた分相応の大学に進学した。地元を離れて、子どものころから泊めてもらっていた親戚宅に下宿して、その大学に通うことになった。

伯父や伯母は、好きなように過ごせばいいといった感じで、まったく干渉してこなかった。親の目が届かず、あれこれうるさく言ってくる地元の友人からも離れた生活で、すごくのびのびしてると感じた。でも、ただ遊び呆けるだけで、学校も中途で辞めてしまった。気ままに過ごしたけれど、ふり返ってみると、一〇代の生活の方が人間関係も含めて、濃い感じだった。同じ一日二四時間であっても、大人になってからの二四時間と子どものころの二四時間は違う。子ども時代の二四時間は、時間の進み方が遅いというか、あれこれいっぱい詰まっていたと感じる。

大学を辞めてからは、働いた時期もあった。でも、それは小遣い稼ぎ程度で、基本的な生活資金は、父親が全面的に提供してくれていた。

父親との思い出

自分が小学校のころに、入院したことのある父親だが、二三歳のとき、その持病で生死をさまよった。当時、「もう時間の問題」とまで言われたが、幸い、その後、一〇年余り長らえた。父親が倒れた際、「ひとりになっちゃう」「これからどうしたらいいのだろう」とかと思ったけれど、友達が自分に付き添ってくれた。それに、伯父や伯母も、自分を支えてくれた。

父は、仕事、仕事と言って、一緒にご飯を食べたりすることがいつしかほとんどなくなっていた。しかし、病気で倒れてからは仕事を減らし、一緒にいる時間もできて、会話も増えて、よかったと思う。

父は、しつけに厳しい人だった。「朝から怒鳴っちゃいけない」「朝が一日で一番大切だから」と、ものすごくよく言っていた。あと、「だらしない生活をしていると、だらしない人しか集まってこないし、反対に、まともな生活をしていれば、まともな人間が集まってくる」「自分の生活にあった人が集まってくる」とよく言ってた。生前は、「そんなの知らないよ、うるさいなあ」としか思っていなかったけれど、今は感謝している。

他にも、「人と比べて、卑屈になる人間にはなるな」「安易に人を判断してはいけない。時間をかけて熟慮すること」とよく言われた。また、「人それぞれに育った環境が違って、それぞれ違うんだから、一方的に決めつけちゃいけない」とも教えられた。また、「中途半端なことはやめなさい」と言って、「口を出すのはいいけど、それならば最後までその人の面倒を見なさい。中途半端に投げ出すくらいなら、最初から見て見ぬ振りをしなさい」などとも言ってくれた。すごくいいこと言っていたなと思う。一言一言が、「あっ、そうなんだ」って思って、「やっぱ父は頭が良い人だったんだ」「すごい人だな」と思ったりする。だから、父の言っていたことは、大切にしていきたい。

父は、お坊ちゃん育ちだったこともあって、お金に執着していなくて、パチンコに一千万円つぎこんだこともあったらしい。自分も、「のんびりしてるよね」「せかせかしてないよね」と人からよく言われる。こういうところはどうやら父親譲りらしい。でも父親は、使う金額が一千万円に達したところで辞めたと聞いている。祖父から、他者からお金を借りる怖さを教えられたので、借金してまでやろうとは思わなかったらしい。

三〇代　蟻地獄

三〇代は、波乱万丈もいいところだった。一番長く人生を一緒に歩んできた父親が亡くなって、蟻地獄にはまってしまったような生活になった。蟻地獄のように、引きずり降ろされて、もがいているっていう感じだった。何をしたらいいかわからなかった。

父親が亡くなったときと、母親が亡くなったときでは、全然違った。母親が亡くなったときは、母親のことが話題になるたびに泣いていたし、何かの折に思い出してはまた泣いて……という感じだった。でも、母親が亡くなったときには、父がいて、父に頼って甘えていた。母のことを思い出して泣いても、父がなんとかしてくれると思っていた。

でも、父親が亡くなったときは、泣かなかったと言えば嘘になるけれど、母親が亡くなったときと比べると、全然泣かなかった。父親が亡くなったことで、自分を助けてくれる親がまったくいなくなって、自分が生きていくには、自分でことを進めないと、明日のことを考えないと、いけなくなった。そのことで、いっぱいいっぱいだったから、泣いている余裕などなかった。

父親と伯父は年齢が離れていたから、すでに伯父もかなりの高齢になって病気がちになっていた。親子関係は、年齢に関係なくずっと続くけれど、三〇を過ぎてまで親戚に頼るわけにはいかないと思った。それに、親戚も、父親がいてこその関係であると思った。つまり、父親がいなくなって頼れる人が皆無になってしまった。

父親が他界して、自分ひとりで生きていかなくちゃって思ってからは、自分だけで考えて行動するようになって、父の生前時よりも、周りの人に相談しなくなっていった。それが、今回のような失敗につながったと思う。父がいたときは、周りの友人とかいろいろな人に甘えて相談していた。相談して、周囲に迷惑をたびたびかけてしまったけれど、その都度父がなんとか尻ぬぐいをしてくれた。だから、父が尻ぬぐいをしてくれないとなると、相談できなくなっていった。そういう意味でも、父は大きな存在だったと思う。

父がいなくなってから、反社会集団とかかわりを持つようになった。これが人生最悪のこと。職場の人から、覚せい剤などを扱う「黒い仲間」を紹介されたとき、好奇心の強い自分にはそれまでに会ったことのないような人たちだったので、新鮮に映った。

祖父や父親から譲り受けたかなりの額の遺産を、その仲間と一緒にバカラにつぎ込み、瞬く間に失ってしまった。その後、誘われた金儲けの話に乗ったのが、今回の刑務所行きになった違法薬物の売買である。刑務所に入った後に別れたが、その事件の共犯者は、そうした仲間の中でできた恋人だった。

刑務所に入るようなことをしたのが、人生で最大の失敗。それについて、以前は「乗せられちゃった」とか「騙されちゃった」とかと、人のせいにしていた。けれど、今は、違ってとらえられている。人に流されやすいという自分の意志の弱さが前面に出てきたから、こういう結果になった。人から誘われたにせよ、断ればいい話であって、それを断り切れないのは、自分が悪い。刑務所という人間として来ちゃいけない最低なところに来た感じで、信用もゼロになってしまった。

刑務所での気づき

最近のことだからでもあるけれど、この受刑生活が、大人になってから一番鮮明に記憶している。刑務所で見聞きしたことを通じて、人間として成長できた。

自分は、施設に預けられるとかと考えたことが全然なかったけれど、施設に預けられて育ったりした人もいることを知った。ああ、こういう人もいるんだなって思った。生保という言葉も知らず、生保って生命保険のことかなと思っていたところ、生活保護という全然違う意味であることも知った。金銭面とかで大変だった人とかがいて、でも、自分はそんな言葉も知らなくて、世間知らずだったと気づかされた。刑務所に入って、自分がすごく大切に育てられたと実感できた。

また、刑務所の出所までの間、友人が支えてくれたからこそ、自分はひとりじゃないと思えたからこそ、今日までこぎつけられたと思う。その友人は、中学時代の友人で、自分が逮捕されたときも、遠いところをご主人や幼子を連れて、面会に来てくれたりもした。受刑中も、毎月のように手紙のやり取りをしてくれた。実際には反省していないのに、格好つけて「反省しています」といった手紙を出したこともある。それなのに、「A（話者の名前）が頑張ってるから、あたしも子どもを背負って頑張るから」とか、「A、頑張れっていうのが一番きついよね、それなのに、勝手にそんなことを書いてしまってゴメン」などと書いてきてくれた。悪いのは自分であって、友達は全然悪くないのに「なんかすごい」って思った。自分なりに、その友達にも家族がいることを考えて、「手紙のやり取り、もう控えた方がいいよね」と言ったこともあるけれど、「誰かに言われて、そんなこと言うんでしょう?」と、自分のことをともかく信じてくれた。受刑期間が長かったから、次第に没交渉になる人も多かったけれど、その友人は「大好きだから、五年でも一〇年でも待てる」って書いてくれた。そして、実際に、それを実行してくれた。その友人は、いまでも自分の人生に付き合ってくれている。そうしたことはそう簡単にできることじゃない。感謝してもしきれず、そのように励ましてくれたから、立ち直れた感じがする。

はっきり言って、刑務所に入るまでは、人をなめていた。しかし、刑務所に入ってから、人をなんか尊敬するようになっていった。受刑中に仲良くなった人が、自分よりも二〇歳くらい年下なのに、すごいしっかりした人で、勉強させてもらえた。それまでだったら、年下の子の話など、「自分より人生そんなに生きてないのに、何言ってんの」って、耳を貸そうともしなかったけれど、相手が執拗に働きかけてくれて、その考え方が少しずつ変わっていった。

刑務所に入って、人の温かさ、ぬくもり、優しさとかを感じることができるようになった。刑務所の先生たちも、怖いっていうイメージがやっぱりあったけれど、真剣に怒ってくれた。刑務所で自分が大病した際も、もちろん職業だからというのもあるだろうけれど、すごい心配してくれた。刑務所に入る前は、みんなから親切にしてもらっても当たり前、優しくしてくれたり見守ってくれたりするのが当たり前、と思っていたけれど、刑務所に入ったら、同じことをされても、「あー、温かい、優しい」と感じて、そうしたことが、すごいことなんだととらえられるようになった。で、ここ二~三年ではあるものの、自分も人に対して優しくなれた。

さらに、刑務所で病気した経験から、命の大切さが身に沁みて、「今日も一日生きられたことに感謝します、明日もどうか無事に生きさせてください」などと思うように変わった。病気になる前は、両親が平均寿命よりも早く他界しているからと言って、自分が死ぬことを考えたりはしなかった。でも、病気をしてからは、一日一日を大切にしたいと本当に思うようになっている。

この他、自分は努力しない人なので、これまで何かを頑張ったとか挑戦したという実感を伴ったものがなかった。たとえば、学校の受験も、親に言われて、あっ、そうって感じでやっただけだった。けれど、刑務所に入って、ヘルパーの資格に取り組んだ際は、「絶対、取ろう」って思った。さらに、病気と知ったとき、「意地でも生きよう」と手術室で思った。

加えて、自分は、周りのみんなが認めるくらいの自由人で、自分のことしか考えなくて、協調性なんかまったくなかった。だから、刑務所で団体生活の仕方も覚えることができて、その点についても感謝している。

刑務所に入ってからのいろいろな経験は、人生の転機。刑務所なんて、本当は行ってはいけないところだけど、自分にとっては、勉強になったかなって思う。

これから

自分のことが大好きで、今でも大好き。ずいぶんと人とは違うけれど、人は人、自分は自分。自分は不器用だから、捕まるようなことをしでかした。でも不思議とみんなに可愛がられる。人に愛されるキャラがあるみたい。自分は自分勝手だから、もしそんな人が近くにいても、自分は絶対、友達にならない。こんな自由人である自分に、中学校からの友達はよく付き合ってくれた。すごいなって思う。

これまで、自分ひとりで人生を歩んできたわけではなかった。必ず誰かがそばにいてくれたからこそ、自分の人生があった。人に頼ったり甘えたりしてきて、ずいぶん迷惑もかけてきた。けれど、だんだん大人として、人間として、成長してきている。「人生、悔いがない」と言ったら、嘘になるけど、そういう経験をして、今に至っている。それもまた人生、これはこれでいいかなって思っている。批判し続けても何にもならないし……。

今までは、散々自分勝手に生きてきて、もう自分のしてほしいことしか言ってこなかった。でも人生とは、人と支えあうものだから、これからは自分も人の役に立ちたいと刑務所に入ってから思うようになった。今までみんなに助けられた分、少しずつでも恩返しをしていきたい。何か人の役に立ちたいと思っている。

病気で、重いものを持っちゃいけない体になってしまったから、できることが限られている。でも、精一杯生きられればいいなと思っている。刑務所でヘルパーの資格を取らせてもらったけれど、その仕事に就ける体かよくわからない。文章を書くのが好きで、出版社を立ち上げた友人もいるから、見習って出版社を立ち上げるのもいいかも。

バカラに遺産をすべてつぎ込み、一文無しになってしまい、現在、体調不良で働けない状態なので、やむをえず医療補助を受けている。でも、自分でやれるところまでは、やってみたい。楽できるならばそれに越したことはないとして、公的扶助に頼りっぱなしの人も結構いる。でも、その姿を見て、自分はそうした人間になりたくないと思っている。堂々と「医療扶助でお願いします」と言っている人もいるけれど、自分はそうした自分がちょっと嫌で恥ずかしいから、小声でお願いしている。

コメント

片親ではあったものの、大切に育てられたことから、世間擦れせずに、人を恨んだりすることもないおっとりした人の良さを感じさせる。お人よしで、全財産を失い、本件にも巻き込まれていった様子であるが、それについても恨みがましいことを言っていない。人を疑うことを知らずに生きてきた人なのであろう。

自分のことしか考えず、したい放題を繰り返して、迷惑をかけることも多々あったにもかかわらず、友人に見放されなかったとしている。それは、どこか憎めない雰囲気を有する彼女だったからなのであろう。彼女自身、「人に愛されるキャラがあるみたい」とする。彼女の語りからは、人への感謝を口にできる素直さを兼ね備えていることがうかがえ、それも功を奏しているのかもしれない。

一方、その語りからは、冷静にかつ多角的に考えて、慎重に行動してこなかった女性であることがうかがえる。何かに持続的に打ち込んだというエピソードはなく、繰り返し周りに迷惑をかけてきたことを語っていることからは、うかつな行動をしては、失敗を繰り返していたことが推測される。彼女自身、物事の考え方が超楽観的で、こつこつと努力を積み上げていこうとせず、行動選択の際、その行動が、自分や周りにどのような影響を及ぼすかを考えたことはほとんどないと自認している。

父親の生前は、大事に至る前に、父親がどうにか手当てをしてくれていたのであろう。失敗した経験を糧に、自身の行動傾向を自重しようとしたり改善させようとしたりしてきた話は出てきていない。「自分勝手」「自由人」と自身のことを語るにとどまっている。自身でもセーブできない何かがあったのかもしれない。

父親の逝去に伴い、ガタガタと生活が崩れていったわけだが、持病を抱えていた父親である。父親がいなくなってからの生活について、覚悟なり心の準備なりをしていて良さそうにも思われる。しかし、自身の頼りなさを知っている分、そうした現実になってほしくないとの思いの強さが、その準備を遅らせることにつながったのであろうか。幼いころ母親を亡くして、悲劇のヒロインのように振る舞っていたというが、意図的にそうしていたというよりも、本当に喪失感が大きかったのであろう。父親なりに、できる限りのきめ細やかな働きかけを彼女にしていた様子は見てとれるが、だからといって、彼女の喪失感が拭い去れたわけではなかったものと推測される。それゆえ「父親までも……」ということが受け入れがたく、それが、父親の死への準備を彼女に怠らせたのかもしれない。

親の生死にかかわらず、三〇も過ぎれば、自立は、人生発達の重要なテーマであろう。しかし、彼女は、父親に依存したままであった。自分が楽しむことを優先して考えていたので、結婚することなど考えなかった様子である。自立という発達課題に取り組もうという気持ちが喚起されることなく、むしろ、問題を起こした自分を原家族が守ってくれるということに、原家族との結びつきを繰り返し確認しようとしていたようにも映る。

語りの時点では、「刑務所で多くを学んだ」と肯定的にとらえ、あまり悲壮感を漂わせてはいない。しかし、刑務所入所当時は、実は大変だったようである。パニック障害と診断され、眠剤を投薬されることが二～三年間、続いた様子である。しかし、徐々にその生活に慣れていく中で、先述のような学びや気づきを会得したようである。刑務所という逃げることができない処遇環境であったことが成長を促したと解釈できるかもしれない。

刑務所で気づいたと彼女が自発的に語っていることは、現時点での彼女の心意気であろう。しかし、長年積み重ねてきた行動傾向が、すぐに変わることを期待するのは難しかろう。さしあたり、彼女の軽率な行動に気づかせ、ブレーキをかけさせるような周囲からの働きかけは不可欠であろう。人を選別せずに、ほいほいと危なげな人について行ってしまったりするリスクも低くない。幸い、人に対して敵意やひがみを有することはなく、むしろ人懐っこいので、他者からの支援は得られやすい。一朝一夕にこうした行動傾向が改まるわけではないだろうことから、支援者は、あせらず気長に対応していくことが望まれよう。少しずつ、地に足のついた生活が送れるよう、ガイドしていくことが適当であろう。経済的に豊かであった生活を「当然」ととらえていた彼女にとって、つましい社会生活を送ること自体、大変なことであろうが、そのような生活を自身が送れることを体得させ、生活を安定させていくことが肝要であろう。

いろいろしてもらったと惜しみなく感謝の意を表する彼女だが、むしろ、あれもしてもらった、これもしてもらったと肯定的に受け止め、周りがサポートしてくれていると口外することで、心もとないと感じている自身を鼓舞しようとしているようにも見受けられる。また、彼女が言及する対人関係とは、他者からしてもらうことにとどまっていた。持ちつ持たれつという相補的な関係、あるいは他者にしてもらうのではなく、自身が他者のために何かをしたという話題は、出てこなかった。先に言及した自立に加えて、してもらうことに依存する以外の対人関係を展開していくことも、今後の彼女の発達課題であろう。自分のことを優先するので、「ひとりで平気」として、これまで、恋人に相当する人はいたものの、特段、結婚などは考えてこなかったようであるが、これらの発達を遂げることで、こうした考えに変化が見られるようになるかもしれない。

現実を憂いていても仕方がない。さしあたっては、生活の基盤を確保し、その中で、安定的な生活を送れるよう、社会適応を促していく必要がある。生活が少しずつ安定していってからは、これまで、いろいろしてもらった人への恩返しを考えさせていくこともいいかもしれない。荒んだ心持になっていない今の彼女であれば、それは可能と思われる。むしろ、それが、生活の新たなハリになり、さらには、社会化を促すことになることを期待したい。

第7章

生きづらさを理解されずに失敗を繰り返す女性

若いころに受刑したが、一〇数年以上、警察に捕まることなく生活していた四〇代後半の女性。ただし、未婚で、仕事もなかなか続かず、基本的には、親の収入で生活してきた。周囲のニーズを機敏に読み取って、柔軟に物事に処すことが苦手で、何度もいじめ被害などに遭っていて、社会になじめないと感じている。問題行動を起こす彼女の事後処理に周囲も疲れ気味だが、本人も、自身を持て余している。その彼女の心のうちは?

今回受刑に至った事件

「買い物に行って、ついでにあれこれ見ていたところ、とても可愛い椅子を見つけた。とても可愛くて、急にどうしてもほしくなった。一点もので、この機会を逃したら、手に入れられないと思ったら、我慢できなかった。お金は持っていたから、買おうと思えば買えたけれど、その月の生活費が足りなくなると思った」とその動機をふり返る。

「嵩張る椅子を抱えて、店の出口を出て、駐車中の自家用車に積み込もうとしたところ、店員が追いかけてきた。それに気づいたので、それを投げ出して、車で逃げて自宅に戻った。そうしたところ、早朝、まだ寝ているところに、警官が家に乗り込んできて、逮捕された」と、逮捕までの経緯を語る。

自分がどうして万引きしてしまうのか、よくわからない。ストレスがあるかもしれないけれども、それだけではない。発覚しないようにと計画的を立てて犯行に及ぶことはない。ほしいと思い始めると、その気持ちを押しとどめるのが難しい。盗るとき、「頭の中にはほしいという思い以外は浮かばない」、「悪いことをしているという考えは頭の片隅にも浮かんでこない」と説明する。見つからないかとびくびくはするものの、やっちゃいけないとは思わない。盗った後、どうしてこんなことをしてしまったのだろうなどと、してしまったことについて、悔やんだりして自分を責めたりもしない。「窃盗をやめられないというよりも、どこか甘えた気持ちがある」と口にしたりもする。「その前の事件について、許してもらって執行猶予となったことも、甘い気持ちにつながったかも」とコメントしている。こうしたことを悪びれたり恥じらったりすることなく、表情を変えずに淡々と語る。

こうした彼女は自らをどのようにふり返っているのであろうか。以下に紹介する。

母親の結婚

母親は学歴とかちゃんとしていて、親族も公務員とか銀行員とか、そういうちゃんとしたところに就職して、頭も良い。一方、父親の方は、ちょっとだめで、学歴もないし、貧乏。

祖母が興した地元の雑貨屋を母親は二代目として引き継ぎ、結婚よりも仕事優先でやっていたらしい。若いころには、もっと良い縁談もあったらしいけど、当時は結婚しないって言ってバリバリ働いていて、でも四〇過ぎになって、結婚しようと思ったときには、結婚してもいいって思うような人は、すでに結婚しちゃっていて、父親くらいしかいなかったって母親から聞いている。見合いで父親と結婚し、その後私たちを次々に出産したが、ずいぶん歳の離れた姉さん女房であった。

父親は結局、私が高校のころ、病死している。しかし、その前から、女を作って、家を出て行っては戻ってということを繰り返していた。戻ってきたときには、これからはちゃんとすると言うものの、続かずに、また出ていくといった感じで、借金もツケも、自分で払わずに、平気で家に回してくる人だった。さらに、私だけでなく、家族のみんなも、機嫌が悪いと暴力を受けた。食事中、姉妹でふざけていたら、皿の上にのっていたものに唾をかけられて、それを無理やり食べさせられたりしたこともある。良くしてもらったという記憶はない。子どもに対して愛情がなく、冷たい印象で、父親とは思わない。お母さんを汚した人。

母親は、しっかり者でてきぱきしていて、妹たちもそう。なのに、自分はちょっと違うみたい。どっちかって言えば、自分は父親に似てる。

友達のことを今でも引きずっている……

第一子として産まれた。二歳ころが、人生の中で一番親に可愛がられていた時期と思っている。小学校の低学年のころは、計算が得意だった。掛け算とかは、クラスでも飛び抜けて速かった。九九の一〇〇問が出された際、みんなは終わらないのに、ひとり先に終わっていた記憶が残っている。また、字が上手で、毎年書初め大会があって、そのときに五人くらい選ばれる中に、必ず入っていた。それが長所みたいな、いいところかな。この他、家が雑貨屋だったから、自分でそれほど意識してなかったけど、まじめにお店の手伝いをしていた。実家が店をしていて忙しかったから、こんなところに連れて行ってもらえたなということもなく、特に良いこともなかったけれど、ごく普通に生活していた。

でも、仲良しの子とのトラブルが起きた。この出来事が人生で最悪だったこと。仲良しだったから、家に呼んだところ、その友達二人に店のものを万引きされたのに気づいた。その友達の万引きを自分が親に告げ口したか、それとも、自分がその子の家に電話したのかとかはよく覚えていない。けれど、その友達の親にそのことが伝わって、その翌日から、その友達が口もきいてくれなくなった。万引きされてショックで、さらに裏切られたみたいな気持ちになった。しかも、向こうは万引きした立場なのに、二人一緒に万引きしたから、仲良しのまま平然としていて、自分は仲間外れにされて、ひとりぼっちになってしまった。

それまで仲が良かったのに、突然、がらっと口もきかなくなったから、他の人から不思議がられた。だからこういうことがあって仲悪くなってしまったって、一部の人に話したら、逆に、「そういうことは言うもんじゃない」とか「あなたが言っていることが嘘なんじゃない？」みたいに言われて。万引きをした友達だけでなく、他の人も自分のことを信用してくれないんだ、信用ってこんなもんなのかな、ってショックだった。で、このことをそのまんまずーっと高校まで引きずっちゃって、孤立するようになってった。

小さいときから、引っ込み思案の性格で、こんな友達関係のいざこざがあって、一層こもっちゃった。家族にもはっきり相談できなかった。自分だけで処理できないのに、ひとりでそのことを引きずって、閉じこもっちゃった。

青年期に行った犯罪

専門学校に行く一八ぐらいまでは、悪いこともしないで、真面目だった。でも、専門学校に通うためにひとり暮らしをしていた最中に万引きをしてしまった。

学生だったから、バイトとかはしたけども、お金がなくなって万引きをしてしまった。一回に食料品を、金額にして数千円分、万引きしたら、店の人に見つかって警察に通報され、ちょっと額が多いからということで、家に連絡され、そこで勘弁してもらったことがある。生活に困ってお金がなくて盗ったのだから、仕方がなかった。自分は父親に似た性格だから、こうしたことをしてしまうのかと思ったりもする。あと、高校までは、家が雑貨屋をしていたから何でもそこにあって、そこのものをそのまま持ってきて、自由に食べたり使ったりしていた。だから、他の店であっても、店のものに対してお金を払うっていう感覚がない。どこかに買いものに行ってお金を払って買うという習慣が付かないまま、のうのうと育ってしまった。だから、専門学校に行くためにひとり暮らしになったら、お金をやりくりすることなく、お金をやりくりしながら生活するということに失敗してしまったんだと思う。

こんなことを経験しながらも、どうにか親の仕送りをもらって、卒業旅行にも参加して、専門学校を卒業できた。専門学校修了後、一定期間就労すれば、資格がとれるはずであった。けれど、その就職先が見つからず、実家に戻ることになった。そして、一旦は実家近くで就労してみたものの、無理と思ってすぐに辞めてしまった。結局、所定の期間の就労経験が満たされないので、資格取得の要件が満たされないまま今日に至っている。

就労経験としては、実家の店の手伝いをしていた時期もある。でも、景気悪化に伴い、店の業績が悪くなっていった。妹が働きに出るようになり、自分も一緒にその勤務先で雇われたりした。仕事に打ち込んだりしたわけではない。

専門学校を卒業して以降、万引きや空き巣をして、立て続けに二度、受刑した。空き巣に関しては、自宅近くの家に入ったところ、通帳と印鑑があったので、盗って、お金を引き出した。その家の親戚が、実家の店で万引きをした友達だった。その仕返しで入ったわけではなく、たまたま入って盗ったのだけれど、相手もやっているし、私もやってもいいと思った。

小さいころに友達にそういう万引きをされて、それをそのまま引きずっている。その後も、自分が家で店番していたときに、近所の人に何回も万引きされてきた。万引きされたときの嫌な気持ち、悔しい気持ち、損した気持ちがちょっとまだ残っている。だから、お金に困ったりすると、それをどこかで取り戻さなきゃみたいな気持ちになるのかもしれない。それに、家の店では、万引きされても、そういうのを許してきた。だから、他の店でも許されるような感じでとらえていて、自分もそういう風に万引きしちゃったみたいな……。通報されるとか、そういうの、わからなかった。甘い状況の中にいたから、法律を犯したとわからなくて、犯罪したって意識はなく、なんとなく人の家に入ったり、万引きしたりしていた。それと、実際に見つかっても、許してもらったこともあった。だから裁判になるとかそういうのも、全然わかんなかった。そして、気づいたら、裁判になって、刑務所に行っちゃった。むずかしい法律も知らないし、どういうふうになるのかっていうのも、知らなかった。執行猶予になったときも、それがどういうものなのか、その意味もわからなくて、それで、また犯罪をしちゃって、刑務所に行っちゃった。

一度目の受刑を終えた後、一～二年ぐらいは家の中に籠っていたけれど、また外に出るようになると、お金がないから、同じ過ちを繰り返した。受刑しても、自分がとんでもない悪いことをしているという実感はわかない。

刑務所に行かずに済んだ一五年間

二〇代に立て続けに二度刑務所に行ってから、今回の三度目の受刑まで、一五年ほどの期間が空いている。その間の生活資金は、基本的には母の年金が主になっており、仕事もしたりしなかったりである。やりがいを感じた仕事があったわけではない。母親の身体が悪くなったので、その介護と称して仕事を辞め、また少し経って良くなると働かなきゃと思って働いて……。そんな感じだった。

良い思い出として、この時期に、母親と伯母と一緒に温泉に行ったことがある。何かの話をしていたら、母親が急に行こうと言い出して出掛けることになって、途中伯母のところに立ち寄り一緒に行くってことになったから、三人で訪れた。私はずっとお風呂に入っていて、母親と伯母は姉妹だから、おしゃべりが主だったみたい。温泉に行って休んで、快適というか日々のストレスを解消できて、癒された。この日以外にも、母親とは、ちょくちょく温泉に行って、肉体的な疲れも精神的なストレスも解消できて良かった。親子だから、他人とは違う仲で、幸せと感じた。

この他、この伯母が通っていた「信仰すると、人を良い方向に導いてくれる」場所に、自分も同行した。そこは、本来許されないようなことをした人でも、救われるように導いてくれるということで、犯罪を繰り返す自分のことを心配した伯母が、そういうところに入ると、精神的にも変わるんじゃないかっていうことで、連れて行ってくれた。たしか二回目の刑務所を出て二～三年ぐらい経ったころから、毎月一回、一緒に行っていた。修行ということで、一週間泊まりがけで行ったこともある。

そこに行って聞く話の中で、ほしいとか欲望とかそういうのを我慢することなどを教えられた。自分の犯罪とも関係するような面があって、盗ってしまえば犯罪になるけれども、それを我慢すれば、犯罪から逃れられる。そんなふうに教えられると、自分もなるほどって思ったりした。だから、そういうところに行くことが、犯罪をしない方向に導いてくれたと言えないわけでもない。そこに行って、少しは精神的に変わったのかもしれない。しかし、今回の事件を起こす一年ほど前に、その伯母が亡くなった。そして、それ以降、そこに行かなくなった。伯母が行くときは、必ず行っていたのだけれども、伯母が行かなくなってからは、ちょっと心細くなっちゃって、行きづらくなった。そう思って行かなかったりしていると、だんだん行かなくなっちゃった。そして、捕まったときには、まったく行っていなかった。行かなかったから、精神的に変わっちゃって、そういうのも関係して犯罪に走ってしまったんじゃないかと思う。

さらに、本件前、生活の仕方にも変化があった。しばらくは、母親の面倒を自分がすべて見ていた。しかし、妹に、自分の母親の年金の使い方なり母親の世話の仕方に問題があると見なされて、妹が母親を引き取って世話をするようになった。

母親の世話をする必要がない分、働く時間はある。けれど、当時、就労していなかった。近々、収入を得られる見通しもなかった。妹から母の年金の一部を分けてもらってはいたものの、同居しているときほどその金額が多いわけではない。妹が母の面倒を見ているのだから、足りそうになくなったから年金を使わせてほしいと頼むのは申し訳ない。そして、手持ちの金が底をついていたわけではないが、お金がなくなったら生活に困ると思って、万引きしてしまった。若いころの受刑生活のことは、忘れたわけではない。だけど、一五年も経つので、だんだん記憶が薄れていっちゃった。

家族に迷惑をかけていることへの認識

犯行が見つかって逃走したことで、より大きく報道される結果になっているが、逃げることで事件が大きくなるとは考えていなかった。自分はその記事を見ていないけれど、でかでかと掲載されたと妹が言っていた。そして、「子どもが学校行って、言われるし……」と妹に直接言われた。自分は刑務所で生活しているだけだけれども、妹には妹の子どもなどの家族がおり、そうした親族が世間の目がある中で生活するにあたっては、自分以上に嫌な思いをしているのだろうと、今回ちょっと気づかされた。事件時、家族のことを思って、犯罪を踏みとどまろうかと思ったことはまったくなかったけれど、自分が犯罪をして、家族に迷惑がかかってしまった。

以前、空き巣で捕まったときも、新聞に載った。伯母の子どもが役所勤めで、その人自体は真面目な人でも、「親戚の中にそういうことをしちゃった人がいると、社会に対して顔向けできない」と、伯母が、自分の親や妹に言っていたように記憶している。でもそのときは、直接自分に言われたわけでなく、しばらく経ってから、人伝えに聞いた程度だったので、あまり気にしなかった。

筆者は「親族は、世間から悪く見られたり言われたりして傷つくだけでなく、そもそも、血のつながった人の中に社会の掟を破っている人がいること自体に、嫌な思いをしたり悲しんだりすることはないの？」と尋ねてみた。その問いに対しては、きょとんとしていた。

受刑を終えた今の気持ち、そしてこれから

二年半も受刑することになってしまったことは、悔やんでも悔やみきれない。自分が悪いことをしたからで、過ぎてしまったことはもう戻らないけれど、この二年半っていうのはつらく、以前の二回の受刑とは違った感じだった。刑務所に入っていては、母親の介護をしてあげたいと思っても、自由がきかない。

もう刑務所には行きたくないという今の気持ちを、今後ずっと忘れないようにしようと思っている。そのために、お金を稼いで、早くちゃんと自立しないといけない。そうしなければ、また繰り返してしまう。無職の際、職業安定所の紹介で調理の訓練を受けたから、調理師とか栄養士とかの資格をとり、そういう仕事につけたらいいと思って、刑務所生活の余暇時間に、本とかで勉強していた。

「生きていくためには、働かないとね」との筆者の発言に対して、「ただなんとなく、自然にまかせて、のほほんと生きてきたみたい」と答えてくれた。

コメント

今回、刑務所行きとなった事件を傍から見ると、なかなか大胆に映る。嵩ばる椅子を、なんら隠そうともせずに、堂々と店から持ち出そうとしたのである。その場の思いつきで行った計画性のない犯行であり、窃取する際にも発覚しないような手口の工夫が見られない。しかし、彼女は初犯ではない。ちょっと前に同じく万引きをして執行猶予となっている期間中に起こした犯行である。さらに、若いころには受刑してもいる人の犯行である。犯行を繰り

返すうちに、その手口が習熟していく場合が多いが、犯罪を繰り返し行う人の中にも、その割合はさておいて、彼女のような犯罪者が存在する。

本人は、ほしいということ以外、頭には浮かばなかったとしている。一旦こだわり始めると、それ以外に考えが及ばない特徴を有していることが見てとれる。実際、自記式の自閉症傾向のスクリーニングテストに回答してもらった結果、境界得点であった。想像力の乏しさ、細部へのこだわり、コミュニケーション力の乏しさが、特に高得点になっている。他に、責任転嫁の傾向を有していることを自記式テストの結果は示している。逮捕されたことについて、あれこれ言ってはいるものの、いずれの犯行についても、犯行自体について、罪悪感を抱いたとの語りはなされていない。

両親の結婚の経緯などの語りからは、母親に対しては敬意を表していることがうかがえる。一方、彼女が描写する父親は、確かに望ましい父親像からは遠い存在であったと推察できる。おそらく、母親が結婚を後悔したとして、娘たちにその馴れ初めを、彼女が語るように説明したのであろう。父親への愛着なり期待なりは一切語られず、割り切ってとらえている様子である。しかし、その父親に自身が似ていると語っている。父親に似ているとする自身についても、どこかで割り切って、諦めてしまっているのであろうか。

幼いころには、可愛がられた記憶がある、計算ができる、字が上手であるなど、それなりに自己肯定感を抱けるような経験をしたことが語られている。しかし、友達の万引きを指摘したことで仲間外れにされてしまったというエピソードは、それらを上回る衝撃と感じるほどの体験だったようである。

インタビューの中では語られなかったことであるが、彼女は、学校で孤立していたころ、母親に連れられて精神科を受診したことがあるらしい。母親なりに、彼女の不適応状態に心を痛め、とった行動であろう。しかし、特段異常はないと言われたとのことである。当時は、自閉スペクトラム症等の概念が普及しておらず、致し方ないことだったとも言えようが、このころから、彼女の特徴を踏まえた働きかけがなされ始めていたならば、もう少し、社会不適応感が軽減されるに至ったかもしれないと悔やまれる。

学校で孤立してしまった際、愛着心を抱いている母親に相談くらいして良かったかもしれない。ただし、男勝りで、手際よくサバサバと物事をさばいていく母親にとって、彼女のそうした気持ちに寄り添うのは、難しかったのかもしれない。さらに、仕事で多忙だったのかもしれない。ともあれ、母親が彼女の良き相談相手になって、増長していく社会に対する不信感の歯止め役をとるまでには至らなかった様子である。

彼女が語る自身の犯行についてのふり返りは、開き直った犯罪者の言いわけと映るかもしれない。しかし、これらを真顔で淡々と話している。実家の店で万引きされて嫌だと感じたならば、その嫌さ加減を十分に知っている自分こそはしないようにしようと思ってしかるべきであろう。しかし、生活に困ったと認識する中で、その経験がその場しのぎであるとは言え、問題解決の方法として思い起こされたと語っている。これは、犯罪者によく観察されることである。さらに、彼女の場合、先述のこだわりの強さが、その傾向を増強させるに至っている。

また、彼女の法制度のとらえ方も、注目すべきであろう。一度捕まった時点で、その行為をやめようと決意する人もいる。しかし、彼女にとっては、同じ行為に対して、見逃されたり、通報されたりと、その時々で対応が異なることが、十分に理解できなかったと思われる。したがって、気づいたら刑務所に行っていたというのが、実感なのであろう。

彼女は、社会生活でよく誤解されるらしい。実際に、筆者もなかなか話がかみあわないと感じたことがあった。一度とらわれるとそれにこだわりやすく、思考が広がりにくく、想像力も広がりにくい。その結果、融通がきかず、偏屈と受け取られやすい。本人自身も、周りからの反応に、戸惑いなり違和感なりを持ちながら、社会生活を送っている。

とはいえ、二度の受刑後、しばらく犯罪行為から遠のいていることは、注目に値する。良い思い出として彼女が挙げている母親と伯母との小旅行。子どものころには、店が忙しく、これといったところに連れて行ってもらったこともないとしているので、大切な思い出となっているのであろう。「親子は他人とは違う仲」と言語化している。このころには、母親に対して、敬意を表するのみならず、心おきなく交流できるような関係になっていたことが見てとれよう。

さらに興味深いのは、伯母と行っていた修行である。その機会は、伯母に付き添われながら自己点検する大切な場になっていたと思われる。その教えが彼女にとって納得のいくものだったのか、それとも、その教えを伯母と共有するということが功を奏したのか。おそらく、その双方が相乗効果をもたらしたのであろう。ただし、伯母が行かなくなってから、そこへの足が遠のいてしまっている。自発的にそうしたところに行けるほどの力が、彼女に育まれるまでには至っていなかったようである。とはいえ、こうした働きかけは、彼女の犯罪抑止のヒントになるのではあるまいか。

この他、犯罪の再発に際しては、ひとり暮らしをするようになったことも影響していよう。母親の年金の使い方が適切でないと妹に気づかれたようだが、おそらく、彼女には金銭管理の力が備わっていなかったことが推察される。遡ってみると、専門学校時代の金欠も、おそらくこの金銭管理力がなく、無計画に使ったことによるものなのであろう。

周囲から見ると、彼女の母親への世話の仕方は、十分とは言い難かったかもしれない。ただし、彼女の側からすると、単身生活になり、母親のために費やしていた時間が空いてしまった分、あることにとりつかれた際、それを紛らわせる手立てもなくなってしまったと言えよう。

彼女のような人は、おそらく周囲の助力が得られないならば、すぐに同様の失敗を繰り返してしまうであろう。短絡的で危なっかしさは否めない。これくらい……と甘えた気持ちがおきがちだし、一度とりつかれると、その考えから離れることが難しく、視野が狭まり、その方向につっ走った行動をとる傾向を有するからである。想像力の乏しさとも相まって、困った状況から抜け出すうまい方法も思い浮かびにくい。自記式のテスト結果からは、彼女自身、ストレス場面において生じる自身の情動的・認知的反応に対して、自身でうまく調整したり制御したりできにくいと自認していることがうかがえる。

しかし、一旦は犯罪に手を染めたものの、一五年間、犯罪をせずに生活できた時期があることは、評価に値しよう。

悪びれずに唐突な発言をしたりするので、周りも驚いたり警戒したりしがちであるが、自分に好感を持って接してくれる相手であると彼女が認識できると、なついていく。褒められると喜ぶといった素直さも兼ね備えている。したがって、彼女の反応パターンを踏まえて、そうした彼女を責めることなく、支えていくことが適当であろう。

慣れない場面では、萎縮して尻込みしてしまう。習慣的な行動をより望ましい行動へと改めていくべく自分を統制する力も低いと自認している。したがって、支援者は、ある程度、彼女が適応できそうな場に導いていき、そこで安定した生活を送るよう勇気づけを行って、社会適応を促すことが、再犯抑止にも通じよう。

第8章

児童自立支援施設経験者のその後

小学校の時分から問題行動が散見され、児童自立支援施設にも入所し、未成年時から暴力団員と交際してきた四〇代後半の女性。堅気の人と結婚して、「普通」の生活を送っていた時期もあった。しかし、単調な生活に飽き足らなくなったとして、反社会集団との交流を再開し、覚せい剤も使用して、今回の受刑に至っている。

生まれてから不良文化と接触するまで

親族と一緒に営む山の旅館の次女として生まれた。本当に山の中で、自然の中の生活で、学校も分校だった。幼いころの良い思い出には、当時、いつも親父と一緒にワカサギ釣りに行っていたことが浮かぶ。親父は旅館で調理を担当していたので、多分ワカサギを朝釣りしてワカサギ定食として千円ぐらいで出して、儲けていたのだろう。しかし、小二のときに、親族間で争いが起き、親父は調理の仕事を続けたかったものの、やむなく山を下り、知人の紹介で、新たな事業を始めることになった。

山の分校では、一階が小学校、二階が中学校っていう感じだったのに、引っ越し先の町の学校は、一クラス三〇〜四〇人もいてとまどった。転校した日に、田舎者みたいと言われて、クラスで一番悪い男子と取っ組み合いの喧嘩をした。そこで、非常に男の子っぽい自分の性格を初めて知った。

その転校先で、姉が、教室でおしっこをもらしたりしていじめられたりするようになったので、自分は、いじめている人間からお姉ちゃんを守って登下校した。他にも、お姉ちゃんと同学年の不良グループの人も、お姉ちゃんの面倒を見てくれた。そのころ、不良グループは、悪いことをしても、弱い子をいじめることは絶対になかった。

そのようなことから、不良グループが家に出入りするようになり、自分も可愛がられるようになっていった。そして、小五のころから、興味津々で不良グループにくっついていって、マニキュア塗りから始まって、タバコやらシンナーやらをやりだした。

生活が崩れ始めた小四、五のころ、母親が近所の男性と、こたつで一緒に寝ているところを見てしまった。母親は誤魔化せたと思っているかもしれないけれど、自分はませていたから、わかった。すごいショッキングな場面で、一時期、お母さんを責める気持ちになった。当時、急にお母さんが化粧とかを買って、派手になったりしていたから、お父さんも多分わかっていて、見過ごしたのではないかと思う。「大好きなお父さんが仕事に行っている間に……」と思った。自分も知っていたその糞ジジイの顔を、今でもはっきり覚えていて、今でもその男のことを恨んでいるし、ふり返って考えると、多分、それがグレるきっかけになったのかなって思う。ただし、このことを親兄弟に話したことはない。

親の言うことは聞かないし、学校に行くふりをして違うグループのところに行って、化粧してみたり、中学生の恰好をしてタバコを吸ったりシンナーを吸ったりして、学校が終わる時間になると、とぼけて帰るといった遊び呆けた生活をしていた。そうした生活が親にバレたときの、父の怒り方はすごかった。シンナーをぷんぷん臭くして裏口から帰ったら、親父にぶん殴られて、冷蔵庫の取っ手に頭をぶつけて被った傷跡は今でも残っている。怒る父親から自分をかばおうとして、母親も怪我を負ったことがある。

それでも、一向に自分の生活は直らない。小六くらいのときに、児童相談所に連れて行かれ、そこに入所したこともあるけれど、その風呂場の窓から抜け出して、タバコを買いに行ったりしていた。

教護院(注1)での生活

中学在学中、二カ所の教護院に入った。最初に入った教護院には、中一から中二の夏までの一年ちょっといたけど、春休みとか夏休みとかの帰宅訓練時に、タバコやシンナーを吸ったことがバレて、教護院を出るのが遅くなった。さらに、一旦は教護院を出たものの、シンナーがやめられず、結局、半年も経たないうちに、国立の教護院に行くことになった。

二度目の教護院に入った当初、先に入っていた在院生から、「入りたての人は、自分たちが寝つくまで、団扇で仰いでいろ」と威張られたので、「入る順序は関係ねえよ」って腹が立って、相手をさんざん引っぱたいて傷を負わせる事件に発展させた。普通は優しいけれども、牙を剝かれると、こちらも牙を剝く。カッとなって、喧嘩を受

(注1) 現在の児童自立支援施設に相当する施設のこと。

け入れちゃう。

二度目に入った教護院は、勉強の他に、お茶とかお花とかもさせられ、さらに、穴掘りとか草むしりとかをさせられて、きついというか窮屈というか、そんな感じであった。そして、抜け出せる気になれば抜け出せると思い、中三になって間もない時期に、脱走した。入院当初、怪我を負わせた相手と一緒に実行した。塀の上に張ってある番線を乗り越えて血だらけになったけれども、ともかく脱出できた。暗くなるまで田んぼの中にずーっと丸まって隠れて、夕方になってから国道を目指して歩いていたらパチンコ屋があった。

そのパチンコ屋の窓が開いていたので、まずタバコを盗み、その後、パチンコ屋から出てきた人に、「先輩にとっちめられて、こんな血だらけにされて、置いていかれちゃったから自宅まで送ってほしいの」と声をかけたら、たまたま良い人だった。「可哀想に」ってことで、実家まで乗せていってくれた。小学校の時分から無免許で車に乗っていたので、道案内は容易であった。

真夜中だったか明け方近くだったかよく覚えていないけれど、実家に着いたら、寝ていた両親が飛び起きてきた。番線に引っかかって、血だらけになったTシャツ姿の自分を見て、「そこまでして逃げてくるなんて、よっぽど嫌なのだろう」「教護院には、もう行かなくていい」って抱きついてきて、泣き崩れていた。逃げることに必死で、怪我も気にしていなかったけど、親が一生懸命、怪我の手当てをしてくれたことを記憶している。結局、親が引き取るって言ってくれたから、教護院に戻らず、また、地元の中学に通学することもせず、そのまま居酒屋に勤めるようになった。

お姉ちゃんや妹と違って、施設で過ごした時間が長いから、両親と過ごした記憶があんまりない。学校生活も、修学旅行などにも行っていなくて、入学式にお母さんと一緒に行った思い出がある程度。写真も、小学校の卒業式に校門の前で撮ったのがあるだけ。

自殺未遂

シンナーを吸いながら夜居酒屋で働く生活をしていたころ、教護院で知り合って付き合うようになった、当時田舎でヤクザをしていた男性の子どもを一六歳で出産した。でも、子どもを産んでまだ二～三カ月ぐらいのころ、その男性が、暴力団事務所にある覚せい剤を持ち逃げして、私からも去っていった。

その人との付き合いは、親に反対されていたから、親とも没交渉になっており、自分ひとりで子どもを育てるはめになった。近所の人たちに、「子どもが、子どもを負ぶっている」って言われたのを、今でも覚えている。

自分ひとりで子どもを育てながら、思い詰めて死んじゃおうって思ったこともある。子どもを道連れにするのは可哀想と思って、自分がいては駄目だけど、いなければ、親にとって初孫だから、育ててもらえるかなと思った。だから、当時小六の妹に子どもを預けて、自分だけ死のうとした。風呂場でガスを全開にして、動脈を切って湯船に手を浸して血が流れれば死ねると思って、本気で自殺を試みた。でも、勘の強い妹が、その様子を両親に伝え、意識がもうろうとしている自分が発見された。今でもそのためらい傷、今で言うリスカの痕が、しっかりと残っている。

病院に搬送されて、一～二日後、やっと意識が戻ったとき、看護師に「手首なんか切って死ねると思うのは、テレビドラマの見過ぎ」と言われた。「はー？　ふざけて、手首切って、ガス吸う馬鹿はいないでしょ」って、カチーンと来ちゃった。カーっとなって、自分で点滴とかを外しちゃって、お金も持っていないのにタクシーに乗って、自宅に帰ってしまった。

その後、両親は、その自殺未遂のことには触れずに、孫の面倒を見てくれるようになった。親父は孫を育てるようになって、すっごい丸い人になった。近所の人とか親戚連中も、親父のことを怖いと言って、なかなか近づこうとしてこなかったけれど、孫を育てるようになったところ、鬼が急に神様になっちゃったみたい。

自分も蘇生したのだから、もう一回やり直さなくちゃいけないと思うようになって、一時期はシンナーもやめて、水商売ではあるけれど、その仕事に没頭するようになった。その後、両親が、孫を養女にしたいと言ってきた。自分も「やっぱり水商売はやめられない」「養女にしていいよ」って言った。実際、子育てはほとんど親任せにしてきた。

不倫相手との死別

未成年の自分が酒を飲むことについて、親は何も言わなかった。シンナーを吸うと捕まるけれども、酒を飲んでいる分には捕まらない。正直、シンナーは、匂いも好きで、隠れて二〇歳ころまでやっていたけれど、お酒の楽しさを覚えてからは、使う数が少なくなっていった。お酒を飲んで、あの時代、八トラ(注2)のカラオケで歌っていた。

クラブで働き始めて間もなく、またヤクザもんと交際するようになった。自分よりも一〇年上で、奥さんもいたけれど、その人が殺されるまで、関係はちょっと長く続いた。奥さんは、自分も知っていたクラブでナンバーワンの人だったけれども、惹かれてしまって、どうにもならなかった。

その人は、全身に入れ墨がガーッと入っていて、当時、あれぐらい入れ墨を入れた根性のある人は他にいなかった。ベンツを乗りつけてくるときは運転手付きで、その他に、サイドカーもいくつか持っていた。競艇場とか博打とかで金貸しをして、膨らんだ金でもって、すごく良い住まいも借りてもらって、優雅な生活を教えてもらった。ヤクザもんの姐さんが宝石商をしていて、その付き合いで買ったものを自分にくれたりして、一八歳で一カラットのダイヤモンドをゴロゴロ持っていて、一千万円近くもする三カラットのダイヤモンドもプレゼントされた。ゴルフも教えてくれたし、本物のオシャレとは、ブランドとかじゃなくて、仕立て屋で自分の寸法に合わせて作ってもらうことっていうのも教わった。自分にも「金、転がしてみな」と言ってきて、実際、ぼんぼん金持っちゃった。自分が女であることの喜びや幸せさを初めて感じたし、「男性の包容力」という言葉も覚えた。

(注2)カートリッジ式の磁気テープ再生装置。二トラックのステレオチャンネルが四つあり、合計八トラックの信号が録音されていたので、八トラック、略して俗に八トラと呼ばれていた。

ガキなりに、二号さんっていう立場をわかってたから、自分からは連絡しなかったけれど、きちんと来てくれた。奥さんが木刀を持って乗り込んできて、瀬戸物を全部ガッチャガチャに割られたり怪我をしたりして、転居を重ねたりもしたけれど、交際は続いた。このころの写真を見ると、自分が本当に笑っている。このころに戻りたいなって思いながら、いつもそのころの写真を見ている。今でも、布団に入って目をつぶるとやっぱり思い出すし、その人がたまに夢に出てもくる。

その恋人は、ヤクザの上層部から可愛がられて、跡取りになるような話も出ていた。けれども、出世頭とねたまれて、その存在が邪魔と思った人に、結局、殺されちゃった。一番、男として盛りだったときなのに。どんなに無念だったかと思う。自分が成人式を迎える前にその人は殺されちゃった。これが人生で本当に最悪の思い出であり、転機でもあったと思う。

自分はまだガキだったから、人を亡くした経験がなかったし、バイバイも何も言わないで別れたから、当時、自分が生きているかどうかもわからない感じだった。成人式のお祝いも、着物を着て写真を撮っただけで、祝いの酒は飲めないと思って、成人式のお祝いの席もすっぽかした。五年前に死んだ親父のことを思い出すと泣いちゃうけれど、この恋人が亡くなってから、もう三〇年にもなるのに、思い出すとやっぱり泣き顔になっちゃう。

でも、その恋人が生前毎日来てくれたクラブでのナンバーワンの自分の地位は、亡くなって以降も、お酒を飲んで紛わしながら、維持できた。子どものころに母親の浮気を目の当たりにしたこともあってか、体を売る女、クスリを使って誰とでもセックスするやつは汚い女に見えて嫌だったから、体を売ったりはしなかったけれど、面白いからということで、客が常連で居続けてくれた。ナンバーワンの人がラストソングを歌うことになっていたけれど、その恋人を思ってグットナイトとかを歌いながら泣いちゃったりしていたけれど、亡くなった人の話をすると、成仏するとか言うので、喜んでいるかなとかと思ったりもしていた。当時、バブル期だったので、週に一四万円ぐらいのお給料をもらって、お客さんも、五千円、六千円のお釣りを平気で置いていく感じだった。何十万円も貯まる貯金箱が、札でいっぱいだった。

一方、子どものことは、はっきり言って、両親に任せっきりだった。子どもの方も、何もしてくれないとわかっているから、自分に関心を寄せてはこなかった。子どもを見てもらっているからということで、お客さんを笑わせて得たお金を、親にどんどん送って、子どもに良いものを着せてもらったりしていた。自分がお母さん気取りで歩きたいときだけ、アクセサリー代わりじゃないけれども、子どもを可愛くお洒落させた。

覚せい剤で受刑に

恋人が所属していた暴力団の総長が自分の存在を知っていて、どうせやるのならば、きちんとしたところで水商売しなさいということで、その総長の二号さんがしている有名なクラブで働くよう引っ張られた。自分も、前の店のお客さんを引っ張ってきたり、高級な店ではそれまで置いていなかった焼酎などのボトルも置くなど工夫したりして、売り上げに貢献したから、ずいぶんと総長とその姐さんに可愛がられた。恋人のことをよくわかってくれていた恩人みたいな総長たちと接触しているうちに、その恋人のそばにいられるように感じて、その店で働ける喜びみたいなものも感じるようになっていった。

ところで、総長には若い護衛が同行するのだけれども、自分が酔っ払っているときに、その護衛のひとりとばったり会って、付き合うようになった。しかしそれは、その世界の掟破りである。だから、一緒にその地から逃げ、暴力団から足を洗った。そして、結婚して子どもまで作った。しかし、その相手は、家でビデオばっかり見ている生活に飽き足らないと言い出した。そして、結局、ヤクザの生活に舞い戻ってしまった。

二六〜七のときに、自分の水商売の店をオープンした。自分はとにかく、話上手で、水商売の店をやらしたら天下一品。人生で賢く振る舞えたことを挙げるならば、この水商売での自らの働きぶりだと思う。水商売というと、聞こえは悪い。でも、普通の人がなかなか知り合いになれないような大物との交流もある。自分なんかより全然上の人にも接触できて、だから、本物の高級志向についても学べた。貧乏になるのは、その人自身が悪いのだけれども、やっぱり金を持っていないから縮こまってしまって、貧乏人って顔になる。一方、金を持っていると、考え方にもゆとりがあるので、穏やかな顔でいられて、ものの言い方も和やかで、どーんと構えて人の話も聞いてくれるし、話のスケールも大きくて、話の内容も納得できて、憧れる。水商売をしたことで、自分は本当に、貧乏人から大臣まで、つまり、一番下から頂点まで、全部経験してこれた。

ところで、自分は基本的に親分連中を相手にしていたから、チンピラなんて全然鼻にもかけなかった。しかし、ちょっと肥えてきたかなと思っていたところ、その店に出入りするヤクザもんの代行者に、覚せい剤をそそのかされた。今ほど太っているわけではなかったけれど、若かったから、「太っちゃった、太っちゃった」って気にした。そこで、ダイエット代わりに一発受けたのをきっかけに、覚せい剤が始まっちゃった。そして、覚せい剤をするようになってからは、店にも出なくなって、女の子に任せっきりになって、三〇歳前に受刑に至った。

普通、捕まって一回目は執行猶予をもらうけれども、自分の場合、持っていた覚せい剤の量が多かったので、実刑になってしまった。ヤクザ専門の有名な弁護士がついていて、ずーっと帰れると言われていたけれども、判決は違っていた。

このときは初めての受刑だったことから、両親揃って面会に来てくれて、「自分たちが施設に預けたのが失敗だった」「あのとき手元で育てて親に愛着があれば、ここまで行かなかったんだよね、後悔している」って、泣いてくれた。親父なんか、病気になって寝込むまでになった。だから、こちらもつらくて、「そうじゃない、関係ない」って言った。お姉ちゃんも毎日手紙をくれた。それに比べて今回の受刑時は、親父も死んでしまっているし、全員シカト。あのときは、本当に大事にしてもらっていたと思う。

刑務所を出た後の堅気の人とのはじめての結婚生活

刑務所を出所して、総長からは、すごい放免祝いをもらえた。実家に戻ったけれども、寝ようと思っても眠れず、次の日に早速、クスリをもってこさせて一発使った。しかし、目が回っちゃったので、その後はとりあえずやめた。

仕事がないと、親がうるさい。なので、とりあえず麻雀屋のコーヒーレディをした。そして、そこの社長の愛人みたいな関係になって、マンションとかを借りさせた。でも、その期間は短かった。

その後、またクラブで働くようになった。すでに刑務所に入る前に、三人の子どもを産んでいた。実際の面倒は親が見てくれていて、その子どもたちにもっと良い生活をさせたいと思って、そこで働くことにした。

そうしているうちに、「あんたは使われるタイプじゃなくて、人を使うタイプだ」と、自分の力量を買ってくれる建設会社の社長さんが現われた。その人は、当時、流行り始めた風俗のマッサージをするエステ店を自分にやらせるということで、数千万円ぽーんと投資してくれた。

働く女の子を募集して面接したり、客の呼び込みをしたり、レジを担当したりと、なんでも自分でした。寒い中、外で客の呼び込みをしたりもしたけれど、懲役中の生活と比べれば、何てことないと思った。麻雀屋を出入りしている若い男連中なども来てくれて、その店には、客が入りに入った。レジにお札が入らずに、バケツに万札を入れるくらい儲かった。

風営法でパクられて、収益をもっていかれるのはまずいと思って、麻雀屋の客で、その後自分と結婚した堅気の人を途中からは、社長に仕立てて、自分はその店を手伝う程度にとどめた。店で金を増やせて、建売ではあるけれど一戸建ての家、さらに車も買えた。さらに、その年に、その堅気の人と結婚した。このように、初回受刑のときは、周りももちろん必死に働きかけてくれたのだけれども、自分にも立ち直る力があったみたい。風俗の女の子を使って体を売る商売を成功させて、「やればできる自分」を実感した。

堅気の人との初めての結婚のことを、以前世話になった保護司に報告しに行った。その奥さんから、「女の大厄である三三歳で結婚するなんて素晴らしい。だから、ぜひ結婚式を挙げてください」と言われた。幼いころ山で育って、山が好きだから、山の上で結婚式を執り行った。

先方は堅気だけれども、自分の知り合いはヤクザばかりなので、招待客の数合わせが大変だった。向こうの招待客の数に、こっちも負けていられないと頑張って、知人とか教護院の先生のほか、さすがにチンピラみたいな人を出席させることはできないので、ヤクザの奥さんとかに出席してもらって、全部で、二〇〇人くらいの盛大な結婚式をした。自分の背中には、大々的に入れ墨が入っているけれど、先方の親にはそれを隠して、特殊メイクみたいのをして、入れ墨全部を隠してドレスを着た。

大人になってから、はっきりと記憶していることは、この結婚式で両親にありがとうという手紙を読んだこと。「お父さん、お母さんが生きている間に、こうやって幸せになれて、ウェディングドレス姿を見せてあげられる幸せを感じてます。女の子に生んでくれてありがとう。今までのこと、忘れないから……」といった内容だった。母親が山口百恵の「コスモス」をよく歌っていて、それはお母さんについての歌だから、それをバックミュージックにして、その長い手紙を読んだ。母親だけでなく、涙を流さない親父を含め、みんな泣いちゃってすごかった。刑務所に行ってはしまったけれど、これからは幸せになっていくって信じてもらえた場面だった。

旦那とその店を経営していたけれど、その旦那との間の子どもができてからは、二人で子育てをしようということで、お姉ちゃん夫婦に店を任せることにした。それまでに生まれた三人の子どもは、いずれも入れ墨の入ったヤクザ者との間の子どもであったのに対して、四番目の子どもは、堅気の人との間に初めてできた子ども。自分たちの手で育てることにした。

堅気の生活を始めて、タバコや酒もやめて、近所の人とかと一般的なお付き合いができるようになって、朝ご飯を作ってみんなで食べて、掃除したりちょっとお昼寝時間があったりして、手作りの夕食を作ったりした。長年、夜の仕事をしていたので、夜の明るい電球に目が慣れるのがすごく大変だったけれど、今ふり返ってみて、主婦っていうか母親として、そんな風に自分でゆるやかに過ごした時間が一番幸せだったかなと思う。週末には、ディズニーランドとか温泉とかサファリパークなどにも行ったし、花を植えたり植木を買ってきたりして、旦那と一緒に庭作りもした。

姉夫婦に任せていた店に風営法で警察が入ってからは、その店を閉め、その場所を貸して、その賃料と、旦那が好きだからということで、その店の二階で開いた麻雀屋の収入で、生活費は賄えた。しかし、旦那は堅気なので、真面目に家にいる。その平凡な生活に、だんだんと飽きちゃった。子育てが一段落したころ、旦那がちょっと人から相談され、そのことで自分がヤクザもんのところに行ったことをきっかけに、再びヤクザもんとの付き合いが始まってしまった。

ヤクザの総長からも、「堅気の女房になったからには、幸せになれ」と言われていた。けれど、自分には、やっぱりヤクザ癖があるっていうか、そういう破廉恥な生活の中で育ってきちゃったから、そういう人といた方が面白いと感じる。結局、子どもを旦那に預けて、ヤクザもんと夜、飲みに出歩くようになって、そこでの雰囲気に任せて、覚せい剤に手を出してしまった。

以前交流していた系列の暴力団の勢力は衰えていたので、違った系列の暴力団と付き合った。姐さん気分がどっかで抜けなくて、医者にいちゃもんをつけて金を巻き上げたりして億の金を動かすパチンコ屋のせがれと、くっついちゃった。自分の誕生日プレゼントに、紙幣計数機を買ったほど、また良い生活を始めちゃった。旦那のことは好きで、今でも一瞬、戻りたいなと思うけれど、ヤクザとの関係も切れなかった。

旦那は、途中から会社勤めもするようになって、ある日、仕事に行くと言ったまま帰ってこなくなっちゃった。旦那にすれば、ヤクザヤクザしている自分のことで実家に隠しごとが多くて苦しかったであろうし、自分に嫌気がさしたのだと思う。当時、小三か小四になっていた子どもと一緒に泣いたけれども、その時点で気づいても遅い。自分が招いたことで、仕方ない。以来、旦那には会っていない。

再度の受刑

親父の死の前後から覚せい剤に溺れるようになって、再度、受刑した。それは、旦那が、自分のもとを去って、二年くらい経ったころのこと。

親父には、娘しかいなかったけれども、孫の二人は男の子だった。野球好きで、野球をやらせるんだと張り切って育ててくれた。甲子園を是非見たいと言っていたので、連れていってあげるなどの親孝行ができた。しかし、父親の余命が少ないことを知って以降、その現実から逃げたくて、覚せい剤に頼るようになっていった。親父の死に顔を見たら頭狂うなと思って、実際、看取らなかった。妹たちからは「一番可愛がっていたお姉ちゃんが来なかったから、お父さん、最後まで目をつぶりきれなかったの、知ってる?」って、すんごい怒られた。そして、親父が死んで以降、一層、覚せい剤にのめりこんでいった。親父を看病せずに良かったのかなどと考えなくて済むからである。どうにか、息子にご飯を食べさせて学校に行かせてはいたけれども、毎日、喪服みたいな服を着て、その子の目を盗んでクスリを打ちまくっていた。親父の仏壇の前で、手を合わせている自分がいる一方で、仏壇に背を向けて、亡くなったことを忘れようと思って覚せい剤を打ちまくる自分がいた。一度、執行猶予が付いたけれどもやめられず、再度捕まって、刑期も長くなった。

今回の受刑時、父親は他界しており、母親もすでに高齢で介護される状態で、孫を育てられなくなっていたので、息子は施設に預けられることになった。息子には、受刑ではなく、感染症で隔離病棟に入院していることになっている。母親も施設に預けたことに責任を感じているようで、面会に行ってくれている。加えて、自分のもとを去った旦那も、毎月、施設に行って息子と交流しているらしい。自分や息子を置き去りにした夫だが、先方の親から、自分にはヤクザ関係があるからと入れ知恵されているようで、息子の親権は夫側になってしまうかもしれない。

今回の刑務所生活で、なくしたものは多すぎて、もったいない時間と感じている。あんなに可愛がった子どもと離れて、また、歳取ったお母さんを泣かせて、はっきり言ってつらい。預けられた施設の中で息子が喧嘩をして、人に怪我をさせたりしたと施設の担当者から聞いた。おそらく、水飲み場がない砂漠にいるような感じだったのではないかと解釈している。自分としても、わざわざ結婚式に会社の社長とか専務とかに出席してもらったのに、その信用をすごく裏切ったことになり、連絡できない。クスリごときで、何でこんな大事なものをみんな失ってきたのかなって、思っている。

もう二度と刑務所に戻りたくないとの気持ちから、刑務作業に真面目に取り組み、それなりの成績を残せた。刑務所の職員からも、その作業ぶりを評価され、頼りにされた。しかし、妹の反応は厳しかった。「今、真面目に生活しているのは当たり前」「自由になったら、また子どもをひとりにして、ヤクザもんと連絡とるんでしょう、周りにはヤクザもんしかいないし……」「刑務所を出て二〜三年経って、初めて、真面目になったたって言えるんだ」と、ガッチリ言われた。「お姉ちゃんは何でもできる人で、親戚中の誰よりも幸せで良い暮らしをしていた時期もあって、自分は負けることばっかりで悔しかった。けど、今、私はお姉ちゃんよりも勝った生活してるよ」とも言われた。

仮釈放されて、今いる施設の生活は正直、イライラすることだらけ。入所者の中に、暴力団の女として偉そうに振る舞っている人がいるから、喧嘩してやった。また、これまで、お金がざくざくある世界で生きてきちゃったから、一日わずかなお金しか自由にならないここでの生活は、本当に苦しい。加えて、自分くらいの歳になると、見栄やプライドもあるのに、施設の職員が、気に障ることを人前で上から目線でガミガミ言ってきたので、「子どもじゃあるまいし、いい加減にしてくれ」って詰め寄った。尾木ママ(注3)が出した本の中にも「褒め福」と書いてあったように、今は会社でもガミガミ言わずに、一つやったら一つ認めるというやり方をしているのに……。母親に連絡を入れたところ、心配してくれていたし、子どもとの再会を目標にしているので、どうにか踏みとどまってはいるけれど……といった状態で今は過ごしている。

子どもたち

一人目の子どもを産む前は、両親がものすごくうるさく言ってきた。けれど、その子どもを産んでからは、孫のことが可愛くなっちゃったのか、それとも孫育てで手が回らなくなったのか、その後は子どもを産むことに、特段

（注3）教育評論家の尾木直樹のこと。

何も言ってこなかった。子育てができる環境が整っていないなどと反対されることもなかった。

子どもの父親は全員違うし、他にもいっぱい水子がいる。上の三人の子どもは、両親が育ての親になってくれて、自分は、祖父母が出向くと恰好が悪い場合、たとえば授業参観などに行った程度。子どもたちにとっては、祖父母が本当の両親代わりになって、愛情をちゃんともらっていた。だから、本当の父親について詮索することもなく、長男が一回会ってみたいと言ってきたきりで、自分の方から、こんな人だったと話題にしても、興味を示さない。

この三人の子どもは、誰も自分のことをママって言ってこないし、進路の相談を受けたこともない。異父兄弟であると互いに知った上で、助け合ってきたらしい。自分は、子育てに要するお金を親に渡すだけだったので、育てたとは言えない。自分の手で育てなかったことについて、罪の意識とか後悔とかはある。ただ、その一方で、あの子たちを育てていなかったからこそ知り合えた人が、実際に多くいる。

自分的には、三人とも、無事、自立していったととらえている。嫁ぎ先の苗字や住所は教えてもらえていないけれど、長女は農家に嫁いだようである。ただし、長女は子ども嫌いで、子どもは作らないと言っているらしい。長男は一流企業に就職できている。ただし、刑務所にいる自分のことを先方の親族に話せないので、結婚式を挙げられず、すごく悩んでいると、妹から聞かされた。次女に関しては、自分の二度目の受刑中、集団リンチとバイクの窃盗で、少年鑑別所に入り、保護観察処分になったと聞いている。でも、自分は受刑の身なので、怒れないし、そもそもそれまで自分が関わってこなかったのだから、今さら口を出すのも適当でないと思っている。

一方、末っ子のチビに関しては、途中までは旦那と自分の愛情をいっぱい受けて、幸せにさせてきた。けれど、自分が施設に入ってしまって育てられないため、施設生活をさせることになってしまった。そのことには、罪悪感を抱いている。

これから

この間、最後に別れた旦那も、自分と別れている間に覚せい剤をやってしまって、二人でやり直すという良い夢を見た。自分が願っていることや、希望が活性化して、夢に出てきたのだと思った。退屈で飽きてしまったけれど、あの人なりの優しさだったんだと、今は思う。これから自分も年老いていくわけで、子どもが巣立ってからも手をつないでいる夫婦を見ると、いいなって思って、自分にはそういう場面はないだろうと思うと寂しく感じる。

ただ、これまで、惚れた男、女同士でごちゃごちゃしてしまった男、亡くなった男など、良くも悪くもさんざん男を経験してきた。五〇を目の前にしてもう歳だし、そうした世界にいることに疲れちゃって、女女していることがうざったく感じられる。それに、そもそも、男の人に甘えるのは下手で、結局これまでも、男の人に頼らずに、自分で生活をきりもりしてきたから、今後、旦那がいなくても生活できると思っている。自分から動くのは簡単だけど、人に指し図されるのは苦手。だから、これから誰かと結婚することは、考えていない。

家も買ったし、車も買ったし、宝石も含めて、これまでにほしいものはみんな、一回は手に入れてきたわけで、四人目の子どもが育っちゃったら、人生で他にやりたいことは、その四人目の子どもの孫の面倒を見て、そのおばあちゃんになりたいぐらいかな。

この四番目のチビは、料理人になりたいから高校には行きたくないと言っているらしい。なので、無理に行かせることはせず、一緒に焼肉屋でもやろうかと思っている。妹の嫁ぎ先が老舗の肉屋で、肉が安く入るし、せがれと二人で仕事をして、蓄えさせてあげたい。また、お母さんの面倒を見ながら温泉などに連れていったりもしたい。つまり、男の人に好かれようとするのではなく、母親、あるいは娘として、生きていこうと思っている。お父さん、お母さん、子どもたち、それに、今はちょっと距離が離れちゃったけれども、お姉ちゃんや妹が恋しくて、毎日写真を見て、お休みとかおはようと声をかけたり、疲れたよとかもう嫌だよとか、ひとりでしゃべりかけたりしている。

世の中について

昔は政治のことなんて全然興味がなかったけれど、水商売をするにあたって、ママから、毎日、新聞を読んで来いって言われて、とりあえず見出しくらいは読んで、話が出たときに困らない程度にはしていた。ただ、政治は、ピンとこない。たとえば、国会中継を見ていても、馬鹿みたいって感じる。やじが飛んだりして、「くだらないジジイの喧嘩じゃん」「子どもの喧嘩よりも性質が悪い」と思ってしまう。この他、外交問題にしても、小国の暴走になんで、それほど世界中が揺れるのか、わからない。条約などの細かいことがわからないからなのかもしれないけれど、大国が何でもっと強行突破できないのか、あんな国、国ごと潰して、奴隷にしちゃえば良いじゃん、と思って、大国のグズグズした対応を見ているとイライラしてしまう。

堅気の人と結婚式を挙げたとき、両親を含めて周りの人が、自分が真面目になったととても喜んでくれて、その顔が今でも忘れられない。しかし、その一方で、ヤクザの方が堅気より、「素のまま」と感じている。それに、自分はさんざんほしいものを手に入れてきたので、もうそうした生活に興味はないけれども、金の使い方はやっぱりヤクザもんの方がいい。暴力団はデタラメばかりをして、人殺しをしたり覚せい剤を売ったりしている人ばかりと思うかもしれないけれど、実際は違う。そうしたヤクザはほんの一部で、特に総長など上の方の人になると、ヤクザヤクザしていなくて、立派な紳士と同じである。金貸しなどを普通に起業しているヤクザもいるし、実際、ヤクザの上の人は、企業との付き合いも多い。堅気の人が困って、手をこまねいているような案件も、総長に相談すれば、言葉一つ、電話一本で終わることが、結構いっぱいある。反社会的な組織であるから、悪くないとは言わないけれど、堅気の人もどこかで世話になっている。ヤクザと堅気は、上の方ではつながっている。また、ヤクザと土方の仕事の質を比べたら、土方の方がミスが多い。それに、忘年会での振る舞いを公務員とヤクザで比較するならば、公務員はお酒の席で無礼講だとか言って、平気で触ってきたりして、とても乱れて始末が悪い。それに比べて、ヤクザは縦社会がきっちりしているから、絶対にそういうことはしないし、お小遣いもくれる。

自分が大切にしていること

生きていくのに、人間関係は大きな影響を及ぼす。自分の場合も、あっちに行けばまっすぐ行けただろうに、こっちに来ちゃって、こんなになっちゃった。ただ、今まで四〇何年か生きてきて、刑務所に行ったりもしたけれど、自分の中にいろいろやってきた自信、功績、プライドとかがある。刑務所人生を省けば、自分を認めてくれる人もいっぱいいいる。子ども三人のために、お金を作ってこれたという自負があるし、社会に戻って自由になれば、どうにか生活していけるという頭がある。

中学時代、両親が事業に失敗して、日々の暮らしがすごく大変だった。金融会社がヤクザもんを使って借金の取り立てに来て、両親は押入れに隠れちゃうので、自分が喧嘩口調で対応したりした。冷蔵庫を開けると卵しかないので、毎日卵かけごはんだったから、自分はシンナーを売って得たお金で、刺身などのおかずを買ったりしていた。中学のときから、そういう貧乏を見てきたから、そういう金の苦労でみじめな生活だけはさせたくない、楽させてあげようって思って、生きてきた。姓名判断で、自分の頭にあるのは、金のことばかりであると言われたことがあるけれど、確かに金のことばかり考えて生きてきた。

水商売は、話してりゃ良いだけで、時給が良いし、チップももらえる。稼いだ札束が入るように財布を特注したり、ブランド品の財布を改造してもらったりしていた。しかも、そのような財布をレクサスなどの車のフロントにボーンと置いたまま、普通に運転する生活をしていた。それに、水商売では、ただで酒を飲める。お酒を飲んでワーワーするのが好きだし、酔っぱらって子どもに甘えん坊になったりする自分も嫌いじゃない。酒を飲むと血行も良くなって調子も上がってくるので、やめられない。お酒によって、自分が育ててもらえた部分がある。

コメント

男女を問わず、初発非行が早い人の予後は悪いとされている。モフィット（Moffitt, 1993）は人生における犯罪出現パターンについて、青年期限定型と生涯持続型に分類しているが、彼女は後者に相当しよう。すでに小学校の時分から問題行動が見られ、二つの教護院を経験し、さらに、成人以降、二度の受刑に至っている。

随所で乱暴な振る舞いに出たことが話され、語り口調にも、攻撃的な言葉が散見される。いろいろと出遭ってきた不快な出来事に対して、それらをふり払うべく、気丈夫さを前面に押し出しては、このように対処してきたのであろう。それは、彼女の処世術になっており、その対処方法について、彼女自身、疑念を抱いている様子はうかがえない。

母の不倫に衝撃を受けたとして、だから、自身は水商売で身体を売ることはなかったと強調する。しかしその一方で、わが子四人の父親はいずれも異なり、加えて、重ねて中絶していることも語られている。つまり、多くの男性と関係を有しているわけだが、自身のその行為はどのように位置づけているのであろう。また、未成年時に逸脱行為を繰り返し、親と離れて施設生活をすることになった彼女であるが、子どものうちのひとりは非行に走り、またもうひとりも今回の彼女の受刑のために施設生活を送ることを余儀なくされている。これらの事実を、自らの体験と重ね合わせ、彼らの親である彼女は、どのように受け止めようとしているのであろう。おそらくは、それはそれ、これはこれ、とあまり物事を関連づけず、不都合なことは深めて考えずにきたのであろう。

暴力団を擁護する発言をしているし、幾多の違法すれすれのことにも関わっていることが、語りからは推察できる。自身が思いついたことをどんどんと行動に移していくやり手であって、荒稼ぎしてきた様子である。それには、彼女自身が認めているように、子どものころ、家が金に窮した経験が、金銭面での豊かさを追い求める一因になっているのであろう。そうした彼女がより良く生きようとするためには、世の中一般の価値規範など、気にはしていられなかったのかもしれない。そして、確かに刑務所に入ってしまったかもしれないけれど、現状に甘んじることなく、自分なりに意欲的に生きてきたというプライドがある。インタビューにおいては、そのプライドを傷つけてほしくないという思いの強さが、筆者にはひしひしと伝わってきた。

既述のとおり、反社会的な言動への抵抗感は低い。しかしその一方で、真っ当な人と結婚したことを周囲が喜んでくれたことを語っており、その相手をおざなりにした自身を後悔している様子もうかがえる。犯罪者としての自己同一性を確立しているとまでは言い切れず、自身が心的交流を図りたいと思っている人から、自身が真っ当に生きてほしいと願われていることに気づいてはいる。

さらに、今回捕まることになった覚せい剤使用については、素面では父親の死の現実を受け止めきれないとして、その依存が深まっていった様子が見てとれる。威勢の良さを前面に打ち出す彼女であるが、その背後には、このような一側面が存在している。否、むしろ、その側面を覆おうとして、このような言動を装っているのかもしれない。

さてさて、こうした彼女に有効な心理的働きかけとは何なのであろうか？

第9章

投資の話を持ちかけて数百万円を騙し取った元行員

買い物のしすぎで借金が嵩んだとして、銀行員だったときの担当の顧客の金を返済の一部に充てていた五〇代前半の女性。地元の野球チームに入ったわが子を、家族一丸となって応援するなど、仲睦まじい家族であったはず。しかし、この事件が発覚して、結局、離婚に至っている。

事件に至る経緯

彼女が犯した事件は詐欺である。被害金額の総計は、優に五百万円を超えている。後期高齢者の女性の銀行口座から、数度にわたり金を引き出したという事件である。

動機は、借金の返済に充てるためだった。ネットショッピングをしているうちに、借金が嵩んでしまった。そして、消費者金融にまで借金をするようになった状況下、この事件を起こしている。

事件時、彼女は銀行を退職していたが、在職中、二〜三年間、その被害者の担当だった。その被害者は、夫に先立たれて、同じ敷地内に子どもが住んでいたものの、交流は密でなかったらしい。

彼女は、銀行を退職して投資会社に勤めるようになったとして、嘘の投資の話を持ちかけ、その顧客のキャッシュカードを預かっては、五〇万円位ずつ数度に分けて引き出していた。最初のうちは、都度キャッシュカードを返却していたが、次第に、キャッシュカードを預かったまま、引き出すようになっていった。

その被害者に、当初は「お金を貸して」と頼もうかと思ったものの、言い出せなかったとして、投資の話ということで、キャッシュカードを預かったと説明している。「バレたら、返せばいいやと思っていた」とする。

最初に引き出したときには、夜も眠れず、食欲不振になったと、当時をふり返る。いつ逮捕されるかと心配していた。しかし、何回か続けるうちに、感覚がマヒしてきたのか、「あと一回くらいは大丈夫」と変化していったと言う。そして、いつしか悪いという気持ちも、薄れていったらしい。

学生時代の様子

学生生活の中で、一番楽しかったのは、中学生のとき。小学六年時に引っ越しをしたものの、小学時代は学校を転校しなかった。そして、中学に入るのを機に、居住地区の学校に進学した。だから、入学当初は、小学校から一緒だった人が誰もいなかった。最初は、溶け込むのが大変だったけれど、過ごしていくうちに、仲の良い人とかができていった。

一学年二クラスで、全校合わせても二〇〇人くらいのこじんまりした学校だった。人数が少ない分、クラスが違っても仲良くて、一学年全員と友達という感じだった。先生は、担当していない学年の生徒であっても知っている、つまり先生が生徒みんなのことを知っているような学校だった。当時、社会現象的には、わりと校内暴力とかが取り沙汰されていた。でも、自分の学年自体は、そういう大きな問題もなく、はみ出し者もいなかった。いろいろな行事とかも、劇なり歌なりも、二クラスが一緒になって作り上げるような学校で、なんか楽しい学校生活だった。

先生にも恵まれた。「ああ、良い先生だったな」という印象が残っている。今の時代は、ＰＴＡとかがうるさくて、先生も、生徒を叱ることができなくなっているみたい。でも、当時はそれほどでもなかったから、ダメなことはダメっていう感じで、竹刀を持って歩いているような、もう今ではいなくなってしまったようなタイプの先生もいた。親身にいろいろな相談とかにも乗ってくれたりする先生たちだったから、叱られても嫌ではなくて、別に反感を持ったりしなかった。

一番印象に残っているのは、修学旅行。京都・奈良が修学旅行の定番だと思うけれど、国語の先生が、戦争とか人種差別の話とかをすごく熱心にされる方で、戦争の記憶を忘れ去ってはいけない、広島の原爆ドームを見せなきゃいけない、みたいな感じで、広島、京都になった。六月だったので、京都も小雨が降っていて、そんな中で、いろんなお寺とかを回ったのを覚えている。でも、一番残っているのは、乗り物ばっか乗って、みんなでわいわいやっていたなってこと。

一方、高校については、受験に失敗して、希望する高校に入れなかった。もしその高校に入ったならば、スポーツの部活に入るつもりだった。でも、進学した高校でも、そこそこ楽しくできた。そして、その学校に行ったからこそ、放送同好会に入って、いろいろと知ることができた。だから、この進学が大きな転機になったかについてはわからない。

ふり返ってみて、頑張ったとかやりきったとか、そういう気持ちになったことはあまりないけれど、高校の文化祭のとき、クラスで映画を作ることになった際、脚本、製作、編集を、わりと中心的にやった。放送同好会に入っていて、そういう世界に興味があったから。翌日上映することが決まっているのに、最終の音響を学校で入れるのに時間切れになってしまった。家に持って帰って、ひとりで一生懸命作り上げて、朝になってできたときには、すごく達成感があった。でも、やりきったというのは、そのくらいかもしれない。

遊び呆けた青春時代

高校を卒業して、すぐに働きに出た。高校のころ、放送同好会に入っていたりして、当時、声優の仕事にあこがれており、仕事で一年くらいお金を貯めて、声優の養成学校に通おうと、当初は考えていた。でも、結局は、遊ぶ方が楽しくなっちゃった。

もともと実家が、あまり裕福でなく、ものを我慢するのが当たり前だった。だから、自分の働いたお金で洋服とかを初めて買ったときは、とってもうれしかった。そして、子どものころ、我慢させられたという思いから、家族が好きでなくなり、親とも話さなくなっていった。

養成学校に通いたいという気持ちよりも、遊びたい気持ちの方が強くなっちゃって、社会人のときは、遊びまわっていた。当時、スキーがすごくブームで、毎週のようにスキーに行っていた。骨折したこともあるけれど、それで懲りることもなかった。

中高までは、学校の中で過ごすことがほとんどで、休みの日とかにどっかに遊びに行くって感覚はあまりなかった。それが、社会人になってからの週末は、今週はこの人、来週はあの人みたいな感じで、派手に遊んだ。何かのイベントがあると聞くと、そこにパーっと行って、私も私もっていう感じで、あれこれ参加した。

社会人になってからは、とにかく遊びまくった。なりたいっていう夢を簡単に諦めてしまったけれど、今になってみると、もうちょっと先を考えていれば……と、その時代の過ごし方を後悔したりもする。

社会人になってひとり暮らしを始めてからは、実家に連絡を入れることも少なかった。幼いころは、結構父親っ子だったけれども、年齢が上がっていくうちに、だんだんと離れて行った。だから、父親が病気になってからも、看護などしなかった。実家に知らせないまま、海外旅行に行っていたところ、入院中の父が亡くなって、帰ったときには、すでに葬式も終わってしまっていた。入院しているのは知っていたけれど、急変するなどと考えてはいなかった。

お骨を見たとき、涙は出てこなくて、「ああ、ちっちゃくなっちゃったんだ」「ああ、いないんだ」みたいに思った。この父に対しては、最期まで親不孝だったと、後悔だけが残っている。もうちょっと何かこう、普段から接してれば良かったかな、もっとお見舞いに行っていれば良かったかなとかと思ったりしている。

子どもの出産をめぐって

三〇歳でできちゃった婚をした。夫は高校の同窓生。在学中に交際していたわけではなくて、同窓会で再会して、交際するようになった。結婚して子育てをしていたころが、人生で一番穏やかなときを過ごせていたかなと思う。

大人になってから、鮮明に浮かぶ記憶は、長男の出産。妊娠初期、長男がお腹にいると知らず、旅行したり、風邪薬とかも飲んでいたりしたので、生きて産まれてこなかったらどうしようとかと、とても心配だった。五体満足じゃなくて、なんか障害とか欠陥があったら、全部、この子の一生を私が責任取らなきゃいけないんだとか、そういうことまで考えた。出産間際、医者から、「胎児の心臓の音が聞こえません、ちょっと眠りが深いのかな、産んでみないとわからない」と言われた。だから、産まれるまで、すごく心配した。難産だったけど、授乳したとき、「ああ、しっかり、飲めてる、飲めてる」って思って、「ああ、良かった」って、ホッとしたのを覚えてる。

産んではみたものの、最初の一年はとにかく大変だった。もともと、子ども嫌いで、自分が子どもを持つことなど、考えられなかった。子どもが生まれるまで、外に出ていたのに、朝から晩までずっと子どもと一対一で付き合わなきゃいけないっていう中で、育児ノイローゼっぽい感じにもなった。もう早く外に出たいと思っていた。

そこで、子どもが一歳になったのをきっかけに、保育園に預けて、元いた職場に再就職した。でも、営業職には、お客の都合に合わせて勤務することが求められる。そこで、その仕事を続けるのは難しいと判断し、銀行に転職した。仕事が軌道に乗るようになってからは、子育てだけをしていたときよりも、気持ちが逆に落ち着いていった。子育てと仕事をうまく両立できるようになったころから、子育てが楽しいと感じられるようになっていった。

子どもを保育園に預けて、よその子の成長ぶりを知れたのも、良かった。保育園の行事とかで、一歳違うだけで、これだけできることが違うのかと感心したり、自分の子どもに限らず、園児の成長を見て、ああ、すごいなあって思えたりした。子どもとも仲良く過ごせていた。

独身のころは、ファミリーレストランとかで騒いでいる子どもを見ると、なんでそこまで大声を張り上げさせるのかなって、すごく許せない気持ちになっていた。けれど、このころからだんだん、子どもの存在自体も、嫌いでなくなっていった。自分が子どもを育てることによって、なんかその気持ちがわかるようになって、まあしょうがないよねって、広い気持ちでとらえられるようになっていった。そして、五歳違いの次男を出産することになった。

保護者としての役割活動

子どもの小学校の学校行事に関わることも、すごく楽しかった。ＰＴＡの活動や子ども会だとか、順番で回ってくる。「まあ、しょうがないなあ」って感じで始めるのだけれども、やってみると、子どもに関わるのがすごく楽しかった。学校に行けば、わが子がどんな子と付き合っているかもわかるし、普段関わらない他の子の面白さとかを知ったりもできた。子どもの中にも、いろいろな関係があるんだな、みたいなのが見えたりして、面白かった。次男が小学校を卒業するとき、ＰＴＡの卒業対策委員会のメンバーになり、メンバーみんなで作り上げた式が、みんなから喜ばれたことも、すごく良かった。やるまでは、いろんなことを面倒くさいって感じてしまうけれど、やってしまえば、ああ、楽しかったなあって思える。そして、この時代についてまとめると、細かい不満とかは、いっぱいあったけれど、ふり返ってみると、穏やかな生活だったと思う。

人生で最も良い出来事も、この時期のエピソード。子どもたちは、小学校に上がってからずっと、野球チームに入っていて、長男が五年生のとき、ジュニア大会でサヨナラヒットを打って、それで試合が決まったシーンは、絶対に忘れられない。長男が、野球チームに入るようになってから、夫もコーチをするようになり、もう家族ぐるみで、土日は野球三昧だった。

長男が野球チームに入るまでは、週末、遠出はしないまでも車に乗って、近所のちょっと大きめの公園に行ったりしていた。けれど、長男が野球チームに入って以降は、土日はずっと野球で、次男も、就学前でチームに入れないころから、常にお兄ちゃんの野球チームにちょろちょろ一緒にくっついていった。もしかすると、次男には、野球以外の家族での思い出はないかもしれないというほど、一家で野球に熱をあげていた。

この土日の野球チームでも、親たちが何かをするという機会が、結構あった。合宿の手配をはじめとして、夏だったらスイカ割り、冬とかは炊き出しなどがあったけれど、子どもたちが喜んでいる姿を見て、すごく嬉しかった。

若いころには、政治とかあんまり興味がなかった。社会人になってからも、自分の周りのことだけしか見ていなかったから、それほど社会全体のことを考えたりしなかった。けれど、子どもができてから、実際に、保育園のことなどで、区政と触れ合う機会を持つようになってからは、関心を払うようになっていった。選挙の際も、子どもの教育に力を入れているかなどを考えて、投票していた。そして、こうした生活を送る中で、とりあえず今、世間ではどんな問題が取り上げられているのかは一応知っておいた方がいいのかな、と思うようになって、新聞とかも読むようになった。

事件についての自己分析

本件は、無職のころに起こしたものである。自宅から一〇分程度の場所にある銀行で、長年パートとして働いており、通勤時間を要する勤務先に配置転換するとの話になったので、退職した。3・11(注1)が起きた際、息子たちと連絡が取れなくなった時間帯があり、その経験から、自宅近くにいたいとの思いが強かったので、配置転換を断った。退職して以降、求職活動をしなかったわけではないけれど、適当な職場を見つけられず、収入がない状態が続いた。さらに、仕事がない分、時間が空いて、金使いが荒くなっていった。ネットで、洋服、バック、靴、インテリアを次々と見て、気に入ると注文することを繰り返すようになっていって、買い物依存症状態になっていた。買って、押し入れに入れっぱなしのものも結構ある。家計簿をつけるわけでもなく、どんぶり勘定だった。

人生で一番後悔しているのは、事件を起こして刑務所行きになってしまったこと。この事件を起こしてしまう前に、助けてもらえた場面は、たくさんあったはず。今まで、いい加減に生きてきて、そのバチが当たったのかなって思う。

結婚当初から、夫からよく、「言わないでしょ?」「言わなきゃ、わかんないじゃん」って言われていた。おそらく、言葉にはしないけれども、不満に思っていると態度に出ていて、そう言われたのだと思う。実際、結婚当初から、直接不満を言えず、話し合いは極力避けてきた。こうした傾向は、夫だけでなく、友人からも指摘されていた。

夫に借金のことが知られてしまった際、夫に、「こうなる前に、なんで言わないのか」と言われた。仕事をしていたから、問題が発生したときに、ホウ・レン・ソウ、つまり、すぐに報告・連絡・相談が大切であるとわかっていた。仕事だけでなく、日常生活においても、こうしたことをしなきゃいけないっていうのは、すごくわかっていた。でも、自分の失敗を言いたくないっていうのもあったし、相談しても、結局望む答えは返ってこないって、勝

(注1) 二〇一一年三月一一日発生した東日本大震災のこと。

手に判断しちゃって、言うのが面倒くさくなっちゃっていた。頭ごなしに怒られ、すべてを否定されるのも怖かった。そういうところが、やっぱり悪いところだっていうのは、自分でもわかってはいたのだけど……。

実際には夫は、子どもの学費もかかるし、借金を返していくには、今の給料では無理といって、仕事を増やしてくれて、給料もそれまでの倍近くまで稼いできてくれるようになった。その姿を見て、もっと早い段階だったら、たぶん、どうにかなったんだろうなと思ったりもした。しかし、その段階でも、夫に、借金の総額については曖昧なままにしていたし、ましてや、人から盗っていることなど、言えなかった。

本件が発覚して、刑務所に行って、全部を失った。夫と離婚することになり、夫から、子どもとも連絡を取らないようにと言われ、接触を断った状態になってしまっている。受刑に至った現在、一転してマイナスの人生になってしまった。

捕まった当初は、なんでこうなっちゃったのか、もっと頼ればよかった、やり直せるものなら、あの時点に戻ってやり直したいなどと、あれこれ考えた。でも、次第に、都合が悪いことがあるとすぐ逃げて、自分からも逃げて、自身と向き合うことがなかった結果だと思うようになっていった。そして、結局は、逃げても、ダメなんだなって、とらえるようになった。

今後の生き方について

受刑することになって、これからどうやって生きていったらいいのかって、最初は全然考えられなかった。しかし、受刑生活中、「やってしまった事実を変えることはできない、取り返しのつかないことをしてしまったっていう罪自体は、一生背負っていかなきゃいけない」と刑務所職員に言われた。また、「そのこと自体を変えることはできなくて、その結果をしっかりと受け止めなきゃいけない。やってしまった結果、自分の周りが変わってしまったならば、それもその結果がもたらした状態なのだから、しっかり受け止めてください。で、そこからどうやって、新しいスタートを切るかは、自分の気持ち次第」とも指導された。

捕まって以降、子どもと連絡を取っていない状態が続いているけど、連絡は取りたいし、会いたい、というのが、ずっと変わらない素直な気持ち。でも、会うことを子どもに強制することはできないし、子どもの気持ちが、実際どうなのかも全然わからなくて、会ってくれるか不安。

そもそも、自分が起こした事件のことを知っているのかどうかもわからない。子どもは、父親から言われたことを手がかりに、ネットとかで調べることができる年齢になっているし、知ってしまうのではないかと思っている。そして、事実を知ってしまえば、母親として失格してしまった人間を受け入れてくれるかどうか、すごく心配というのが本音である。

さらに、もし子どもが事実を知らなかったら、すべてを話した方がいいのか、あるいは、言わない方がいいのかについても、迷っている。複数の受刑者や刑務所職員からは、言ってしまうことによって、相手に背負わせる部分もあると言われてきた。しかし、これから先ずっと、隠し通していける自信もないし、決めかねている。

子どもも大きくなって、長男はもう仕事に就いている。一緒に暮らそうとは考えていないけれど、やっぱり、頻繁に会いたい、定期的に会いたいと思っている。しかし、それを拒否されてしまったとしても、これからはどんなことがあっても逃げない人生を送りたいと思っているので、それを受け止めて、生きていこうとは思っている。

また、母親との関係も、修復したい。自分のことを人に話すってことがすごく苦手で、黙っちゃう方で、母親が何か喋ってきても、「うん」とか「違う」とか、そういう一言で終わってしまい、会話自体が成立しなくなっていたけれど、もうちょっと会話のキャッチボールができる自分になりたい。

事件を起こすよりも数年前に、母親が軽い脳梗塞になった。病院に着くころには、普通に会話もできる程度の軽いものではあったけれど、その際初めて、母親の年齢を考えた。「死」が頭をよぎり、今いなくなられたら、どうしよう、すごくたくさん迷惑をかけてきたのに、何もしてあげていない、人は老いていくのだから、できることは、やっぱりやってあげなきゃいけないと、当時思ったことが思い起こされる。だから、いずれは自分が引き取って、一緒に生活できるようになればいいと思っている。

自分の足で立って歩けるよう、自分の生活の基盤をしっかりと築いて、周りに迷惑をかけないように生活していくことが、一番やらなきゃいけないことと思っている。そして、子どもになんか残せるものを残していきたい。物的なことで言えば、それこそお金とかそういうもの。それ以外にも、自分を思い出してもらえるような、たとえば、自分の料理の味とかがあったら……と考えている。料理が苦手で、手抜き料理ばっかりを作っていたけれど、今後は、そうしたことにも取り組んでみたい。

この他、自己啓発もしていきたい。刑務所の余暇時間に、本を読んだり勉強したりして、こうした行為が楽しいと気づいた。刑務所でせっかく介護の資格を取ったのだから、現場経験を積んで、ケアマネージャーの資格取得を目指すなど、その道でキャリアアップをしていきたいとも考えている。

また、高校卒業後すぐに働き始めたけれど、大学に行ってみたいという思いも、まだ残っている。歴史、心理学など、いろいろと興味がある。ただ、あれもやりたい、これもやりたいと、たくさん候補は出てくるけれど、それに向けて、実際、何か行動を取れていたかというと、何もやってこなかった。だからこれからは、自分で決めたことを少しずつ行動に移して、ちょっとずつ進んで行く自分を作りたい。そして、今日一日、頑張りましたねって自分に言える日を過ごしたい。自分で自分を褒められる日を積み重ねていきたい。

語ってみての感想

彼女に、自身の人生を語ってみての感想を求めたところ、「何も考えない人生を生きてきた」と言う。考えるのが面倒だったとかいうのではない。その時々の楽しさに目を奪われて、その場の楽しさを満喫しすぎていたのかもしれない、とにかく楽しい毎日を送りたいって思っていた、とふり返る。そして、実際、事件を起こすまでは、すごく楽しんだ生活が送れていた。要所要所で、落ち込んだりすることがなかったわけではないものの、たぶん全体を通したら、結構満足していたのかな、一〇〇点満点のうち八〇点くらいにはなっていたと思う、とする。具体的に思い起こそうとすると、あんまり思い出として残ってないんだなって思ったりもするけれども、特に不満に思うこともなく、幸せな日々を送れていた、と回顧する。

それが、刑務所に入ることになって、今まで生きてきた人生すべてが、本当にダメになってしまった。自分の幸せな過去をふり返ればふり返るほど、犯罪に走ってしまった自分が嫌になる。悲しくなり、犯罪さえしていなければと嘆く。

自分さえ良ければいいと思って生きてきたつもりはないのだけれども……と、その心情を吐露する。最終的には、きっと自分を一番に考えていたんだなと思う。でも早めに相談しなかったことについても、言って無駄に心配かけなくてもいいや、気を遣わせちゃったら悪い、との思いからだったと弁明する。結果的には、失敗の方に動いちゃって、親に対しても、友達に対しても、主人に対しても、子どもに対しても、迷惑をかけてしまったんだろうなって思うけれど……とまとめている。

コメント

日々、楽しいことを求めて、それなりにエネルギッシュに活動していた人との印象である。置かれた状況の中で、柔軟に対処し、その中で、本人なりに楽しみを見つけることに長けた人と言えよう。

ただし、自身が定めた目標に向けて、主体的に一歩一歩向かっていくタイプではない。社会人になって以降、結婚前までの生活からは、派手に遊びまわっている様子がうかがえる。本人も少し言及しているが、計画性をもって何かに対処するというよりも、稼いだお金は、その時々で面白そうと思うことに、惜しみなく使っていたようで、そのことに抵抗感は抱いている様子は見られない。

父の死に目に立ち合えなかったエピソードからは、当時、遊ぶことに夢中で、すっかり心が実家から離れていた

ようだし、長男の出産にしても行き当たりばったりであった様子から、慎重に対処する姿勢を有していないことが

見てとれる。そして、こうした失敗を繰り返さないための具体的方策なども語られておらず、失敗しても、その場

限りの対応にとどまりがちだったのではないかと推測される。

ただし、彼女が、経験から学べない人というわけでは、決してない。わが子を育てる中で経験したとする語りか

らは、彼女がずいぶんと変わってきたことが物語られている。そもそも子ども嫌いだった彼女が、わが子を育てる

経験の中で、騒ぐ子どもを見てもおおらかな気持ちでいられるようになれたなどのエピソードが語られている。ま

た、わが子の成長に限らず、子どもが成長する様子や、子ども社会というものを知れてよかったなど、よその子の

成長ぶりも含めて、驚いたり喜んだりしていた様子をうかがうことができる。ＰＴＡ活動なり野球チームでの活動

なりでも、保護者の役割活動を地域の親御さんと頑張って行い、一緒に喜びをわかち合えていたと想像できる。そ

こからは、自分さえ良ければ、あるいはわが子さえ良ければ、といったエゴイスティックなところはうかがえない。

さらに、その子育てを通じて、どんな社会が良いかについても関心を抱くようになるまでに成長している。育児を

通じて、彼女自身も母親なり社会人としての自覚が促され、さらにその役割を満喫していたように映る。

本件は、長年働いていた彼女が、仕事を辞め、思ったような仕事が見つからない状況下、起こしたものである。

仕事自体に特段のアイデンティティを見出していた様子は語られていないものの、仕事をしない分、時間が余って

しまい、ネットショッピングにハマっていったのであろう。

このネットショッピングが本件の背景にある借金を生み出したわけだが、彼女自身は、それを「買い物依存症」

と一言触れるにとどまっている。実際、彼女が若いころ、つまり社会人になって結婚するまでの生活からは、節約

とか貯金とかに思考が及びにくく、金使いが荒かったことが見受けられる。さらに、ネットショッピングは瞬時で

はあるものの、興奮を誘うものである。ネットで色々な商品を見つけて、購入ボタンを押すというプロセスにワク

ワク感を求め、ハマっていったのかもしれない。

しかし、なぜ、この時期に、このような行為を繰り返すようになったのかということも、一考に値しよう。彼女

は一切言及しておらず、筆者の憶測に過ぎないのだが、子育てを中心に楽しんだ生活をしてきた彼女だが、子どもの成長に伴い、保護者としての役割もあまりなくなってきて、より退屈さを感じるようになっていったのではなかろうか。彼女としては、子どもの近くにいたいとの思いから退職に至ったものの、日々成長していく子どもの側からすると、四六時中母親を求める時期は過ぎていたと想像できる。加えて、彼女の語りには、個人的に仲の良かった人が出てこない。何かの企画なり行事なりがあれば、そこで他の人と一緒に活動するものの、それ以上のつきあいはなかったので、親としての活動がなくなる中で、より手持無沙汰を感じる生活になっていったのかもしれない。

彼女自身の自己分析は、作った借金をどうして早く周囲に相談しなかったかということから始まり、都合が悪いことに対しては、自分でも向き合うことなく、先延ばしにしてしまう傾向があること、さらに、人に心配をかけては申し訳ないから言えなかったことと結論づけている。しかし、途中の語りでは、相談相手から自分が思ったような反応が得られず、そのことに自身が傷つくことを怖れたのではないかと、口にしている。実のところは後者なのだけれども、彼女自身、それを認めたくないとの心理が働いて、良心的と受け止められるような理由づけを行おうとしていたのではなかろうか。

彼女は、事件を起こしたことで、幸せな人生を台無しにしたとして、後悔している。しかし、被害者の心情に思いを馳せる語りは一切ない。彼女の周りの人に迷惑をかけたと触れるにとどまっている。また、この犯罪について、最初から詐欺をしようと思ったのではなく、「貸して」と頼む勇気がなかったからと説明している。消費者金融に手を出した彼女は、立ち行かなくなっていた。多重債務で過払いさせられていたという意味では、彼女自身、被害者である。とはいえ、そうした事態を、家族など身近な人に相談するのではなく、元顧客に頼もうとしたこと自体、どこかずれている。身近な人との関係を波立たせまいとして講じた策だったのであろうが……。また、今後の生活においても、子どもに金を残したいとする一方、被害者への返済については一切語られていない。

残念なことであるが、これは仮釈放が認められ、刑務所を出所した段階の語りである。しかし、こうした現象は、彼女に限らず、犯罪者によく観察される。彼女の子育ての語りからは、少なくとも彼女が他者と喜怒哀楽を共有できない人ではないことがうかがえる。自分たちがやったことを子どもたちに喜んでもらえて良かったと、他者の喜びを自身の喜びと感じることができている。この温度差は、心的距離の近い人とそうでない人との違いということなのであろうか？

なお、彼女は犯行について、最初はびくびくしながら行っていたけれど、段々に何も感じなくなっていったとしている。これも、彼女に限ったことではない。犯罪を続けていくと鈍感になるということは、まさにこうしたことなのであろう。

この他、彼女の気にしていることが、自分が人の金を騙し取ったこと自体ではなく、「その事実が発覚してしまったこと」であることも、注目に値しよう。刑務所に行くことになったから、離婚に至ってしまった、子どもと離れ離れになってしまった、と嘆き、自身が犯罪に走ったことではなく、刑務所に行ってしまったことを後悔する。また、子どもたちが自身の犯罪を知れば、母親として受け入れてくれなくなるのではないかと恐れている。言い換えれば、子どもの側が知らない限りは、母親失格ではないことになる。子どもが傷つくから、母親失格である現実を知らせないという配慮でもない。つまり、自身の行為そのものでなく、他者の評価によって、その行為の意味合いが変わっていくととらえているように聞こえてしまう。

夫と離婚し、自活する必要があることから、さしあたっては就労し、安定した社会生活を送れるようにしていくことが課題となろう。しかしそれだけではなく、その生活を軌道に乗せて以降、自身の犯罪への償いのありようなどにも思いを巡らせ、さらに、その犯罪行為にまつわる諸経験を自身の人生の中にきちんと位置づけられるようになっていく日が訪れてほしい。子育て中、諸経験を糧にして自己成長できてきたとの実感を抱けている彼女であり、刑務所でのプログラムを通じて自分の傾向が理解できたなどとも自発的に語っている。その伸びしろに期待したい。

第10章 あるAV女優のその後

ＡＶ女優として一世を風靡したものの、ストーカー被害にあって以降、心身の不調を来たし、不調を改善しようとして、覚せい剤使用に至った五〇代前半の女性である。どのような子ども時代を経てＡＶ女優になっていったのか。そして、人生の半ばを過ぎた彼女は、今、どのようなことを考えているだろうか。

幼年期

自分の出生月に父親が駆け落ちをして、母親の許を去ってしまった。父親の実家がその責任を取らせると言って、結局、父親が私を引き取ることになった。けれども、父親のパートナーがすごく虐待をしたらしく、それがあまりに酷いので、すぐに育児施設に預けられ、一歳になる前に地方在住の家に養子に入ったと聞いている。養子に入った家は、昔の豪商。その町はすべてその家のものだったということで、船も三〇〇艘、所有していた。

大正生まれの養父母だったが、養母は教育熱心であり、かなり厳しかった。三歳からピアノ・習字・お茶・お花を習わされた。お稽古をさぼって、お寺の桜の木に一晩中くくりつけられたこともある。ただ、まだ恐怖というものを知らないころのことだったので、月明かりが明るい晩で、上を見上げると夜桜が風に舞って、すごくきれいだなあと思いながら、いつの間にか寝てしまって、後日、そのときのことを「ずっと泣きもしないんだから」と言われた。

小学校に上がったときのＩＱテストが良かったらしく、担任が、「お母さん、東大も夢じゃないですよ」と言いに来た。そこで、塾通いも加わった。

養母は貧乏な家の出身であり玉の輿に乗った人だが、だいぶ劣等感があったようで、「私が育てた子どもだから、こうなった」と言われないようにしようと思っていたみたいである。とにかく教育にうるさくて、夜一〇時くらいまで塾で過ごし、ドリルが終わるまで養母が横についていて寝させてもらえなかった。小学三年のときには、そろばん塾に半年ほど通って一級まで取り、五年からは英会話の塾、中学生になってからは、家庭教師三人が週二回ずつ来ていた。中学生のころ、養母と喧嘩した際、月の教育費が八〇万円かかっていると言っていた。

少女時代、友達と遊んだ記憶はほとんどない。遊んでいるところを養母に見つかったら、当時はそんな概念を知らなかったけれども、今でいう虐待を受けた。書道も書家にマンツーマンで習い、段も取ったけれど、夏休みにある展覧会では、入選しないと養母は殴り、入選しても、特選でないと、だいぶ機嫌が悪かった。

養母は、理科の研究のために顕微鏡などを買ってくれ、今でも挨拶状くらいのものは人に劣ることなくちゃんと書ける。そのような環境を整えてくれて、養母に感謝してはいるけれども……。

当時、養父はプロパン屋をしていた。もともと地主だったので、町内全員が、養父のところから買うので、月の収入がすごかった。小学校時代、お小遣いはもらっていなかったけれど、自分が月末に集金に回っていて、そのうちの一割が自分のものになっていた。そのお金で、学費と教育費以外は、洋服なども含めてすべて自分で購入していた。

人生の中の最良の記憶として、小学一年のときに、「お父さんの手」という作文にも書いたことが思い起こされる。プロパンガスを扱っている養父の手は、いつも油で汚れているので、「汚いから、洗ってあげる」と言って、台所に連れて行って洗ったのだけれども、洗っても洗っても落ちない。タワシでごしごし洗って、血がにじんでくるのに、落ちないので、ついに、自分は泣き出してしまった。血がにじんだくらいだから、養父は相当に痛かったろう。しかし、養父は、ニコニコしながら、気が済むまで手を洗わせてくれた。本当に可愛がるというのは、こういうものだと、うれしくて今でも涙が出る。一番優しい思い出である。養父がプロパンの配達に行くスクーターに、自分もしがみついて乗って、小さいながらに小さいプロパンガスをごろごろ転がして手伝ったのも、良い思い出として残っている。

反対に、養母については、金に執着する人。年金暮らしのお婆さんの集金をしてこなかったとヒステリーを起こして、養父を丸太で滅多打ちにしているシーンが嫌な記憶として残っている。しかし、養父は抵抗しなかった。やったら勝てるのに、なんでやり返さないのかと尋ねたところ、やれば勝てる相手にやり返すのは強い者がやることじゃないと説明された。寡黙で、よく働く読書家だった。

養母の学のなさは軽蔑するばかりであった。小学五年のときに、庭に離れを作ろうとして庭を掘り返していたところ、陶器がいっぱい出てきた。庭からガチャンガチャンと音が聞こえたので、見に行ったところ、養母が、小銭だけより分けて、変な物がいっぱい出てきたとして、陶器を割っていた。しかし、そこは、明治初期に消失した豪商の本家の跡地なので、出てきた陶器が価値のあるものだということくらい、小学生の私にでもわかる。養母は小学校も卒業していなかったけれど、学がない、知識がないって悲しいことだなと実感した。

中学一年のころには、自分が養女だとすでに知っていた。学年でいつも一番だったので、二番の子に、期末テストの結果発表の後に、「なによ、貰いっ子のくせに」と言われて、他人の家で暮らしていると知った。でも、養母のことが好きでなかったので、その事実自体は、全然悲しくなかった。むしろ、このお母さんの子でなくてよかったと思った。

中学二年のころまで、親が言うことには、「はい」という答えしかないと思っていた。しかし、やっとそのころ、周りの人と話すようになってきて、私だけが違うんだと気がついた。そこで、グレ始めた。グレてからも、学校の勉強はずっと一〇位くらいには入っていた。しかし、中学三年のある日、家に戻ったところ、刑事が待っていて、結局、少年院送致になった。

自立期

実父には少年鑑別所で、実母には少年院で、初めて会った。実父とは狭い面会室で会ったけれど、とても油ぎったものすごい女好きそうな人で、子どもながらに、気持ちが悪い、一緒にいるだけで妊娠しそうと感じた。実母は、一流企業の年収三千万くらいの人と再婚していた。すてきな着物をまとい、面会室に入ってきて、「Bちゃん」とかと言って、よよと抱きついてきた。顔はよく似ていて、確かに自分を生んだ人だろうなとは思ったけれど、芝居がかっていて、大げさな人だなっていう印象だった。抱きつかれた腕をどうしたらいいのだろう、早く放してくれないかなって思って、何の感慨も沸かなかった。

少年院から帰ってきても、やっぱり養母とは反りが合わなかった。小学生のころから六法全書を読むような子だったので、一五歳になれば、こちらから養子離縁の裁判を起こせると知っていた。脅しのつもりで、養母に離縁を口にしたところ、事態は、養子離縁の方向に動いてしまった。

裁判所で養子離縁が認められたものの、実父は、再婚先に再婚であると言っていないので、引き取れないと断られた。結局、実母が再婚した家庭に引き取られ、母親の再婚相手、その間に生まれた六歳くらい年下の子の四人で生活することになった。

商売を営む養父母の家で、食事もバラバラといった生活をしてきたが、サラリーマンの家庭は、勝手が違う。食事もみんな揃ってする。それが窮屈に感じられた。実母の再婚相手は人格者で、自分の娘よりも、私を大事にしようとする。その姿を見て、実母が再婚相手に気を遣う。そして、家庭の空気が今までと違うと、二人の間の子が敏感に察知して、登校恐怖症になってしまった。その子は、三回くらい死にそうになったことがあり、小学校も半分くらいしか行けていなかった。そうしたこともあって、だいぶ過保護だったと思うけれど、自分が来てから、朝になると熱を出して、吐いてっていう状態が続いてしまった。自分がここに来るまでは、この家庭はうまくいっていたのに……、自分も、望んでここに来たわけでもないし、ここにいたいわけでもないし……って思った。

せめて高校だけは出ておくようにと、その家庭でも勧められて、通学していた学校での成績も上位であった。でも、「自活します」「自分でアルバイトしてひとり暮らしを始めます」と学校に届け出たところ、アルバイトも禁止しているのに、自活なんてとんでもないということになった。私立のお嬢さん学校だったからである。そこで、自主退学するに至った。

アパート経営をしている女兄弟がやっているお店に、住み込みで入って、半年くらい働いた。昼はホールで働いて、夜はキャバレー等でアルバイトするようになった。どうやったら宣伝効果が上がるかと考えて、フロアで踊ってみたりと工夫した。すると、すぐに売上ナンバーワンになれた。

当時、ノーパン喫茶というのが大都市ではやっていたけれど、自分の住む県には、一軒もなかった。そこで、経営者にノーパン喫茶の企画を持ちかけて、やらせてもらったこともある。結果、初日、優に五〇〇人を超えて人が並んだ。ものすごい儲けになったはずである。高校を中退して一年ちょっとくらいそのような生活をして、一六歳のころ上京した。

東京へ　そして、バブルで成り上がり

上京して、クラブに入り、さらに、クラブの先輩に誘われて、一七歳でソープランドに入った。そこに入ったとき、「モデルとして出られるか」と聞かれたので、出られると答えた。上京する前に、証券会社だか銀行だかで、撮影された経験があったからである。

雑誌の記者から、映画に出ないかと誘われて、一回くらいエキストラならいいかなと思って、いいと答えて、監督と原作の作家さんと面談した。すると、主演のイメージにぴったりだからということで、最初から主演をやらせてもらえた。それが初の風俗女優の仕事で、ずいぶんヒットした。すぐに写真集が出たし、ＡＶに出たところ、当時まだレンタルビデオ屋がないころだったこともあって、それがミリオンセラーになって、テレビ出演したりもした。週に二〜三社の雑誌に載ったりと、随分と有名になって、風俗界の女帝と三三歳まで言われて、どこに行っても声をかけられ、それは楽しい記憶で、大人になってからの記憶として、鮮明に残っている。

このポルノデビューが人生の転機であった。デビューして、収入が変わったし、忙しさも変わり、充実していて、良い方に向かっていって、成り上がっていった。

当時、平均して月収が数百万あったけれど、やっぱりお金の魅力って強い。絶対にスケジュールはキャンセルできないと思っていた。ワーカホリックになっていたと思うけれど、三三歳までの間に休暇を取ったのは、ニューヨークにアパートを借りて一カ月旅行した一回だけ。月に二八日働いて、平均二時間睡眠の時期もあった。自分でマネージメントしながら、撮影とお店の仕事をした。この他、ホストクラブに遊びに行って、麻雀もした。麻雀での収入も含めると、さらに高額になった。

当時、政財界の人なんかとの付き合いもあって、名前を出せないような人の接待も随分してきた。上手く立ち回

らないといけないけれど、金持ち喧嘩せずって感じに、怒りを覚えていても、丁寧にすごく人当りがよく、賢明に振る舞えていた。

最大の後悔といえるのは、当時、大企業のオーナー社長から交際を申し込まれたのを断ったこと。四〇代でなかなかナイスな外見の人で、真面目な恋愛として付き合いたいと随分口説かれた。でも、当時、常識がなく、聞いたことがない会社だったので、「私、どれだけ稼いでるか、わかってんの?」みたいに思って、断ってしまった。あのときに「うん」と言っていれば、人生はものすごく変わったかもしれない、今ごろは超セレブで、世界中を旅行しまくって、ホームシアターとか作っちゃって、好きな映画を観まくっていたかもしれない。

一方、人生で最悪の出来事を二つ挙げているが、そのうちの一つは、養父の死に目に会えなかったこと。これを、人生における最大の別れとも位置づけており、会えないまま別れてしまい、心残りであるとする。養父が施設に入るようになって以降、会いたいと思っても、養母が施設を教えてくれず、やっと探し当てても、それを養母に気づかれては、施設を変えられてしまい、会うことができず終いだった。そして、ある日、「お父さんがよろしくと言っていた」という電話があって、「なんで?」って聞いたら、「天国に行ったから」と伝えられた。すでに死後一カ月くらい経っていて、遺産の手続きとかが全部終わったので、連絡が入ったのだと思っている。

資産が何十億もある家庭で、養父の生前、自分が復縁などして遺産が渡ってしまえば、自分が養母の許に帰ってこないと判断したからだと思っている。実際、養母は、自分に対して歪んだ愛情を抱いていたようで、戻ってきてほしいみたいである。

二〇歳過ぎのころ、自分は養母に電話番号も教えていなかった。毎年、その地域では秋祭りがあり、同級生が顔をそろえるので、自分もそこに参加していたが、養母宅には立ち寄らないことが多かった。数年ぶりに立ち寄ったところ、「呪いが通じた」と言って、目の悪いお婆さんに金銭を渡しているのを見た。田舎なので、呪詛師がいるのだけれど、養母は、まったく恥じたふうもなく、「あなたが仕事も失敗し、病気をして、友達もいなくなり、男からも見放され、何もかもを失くして、私のところに帰ってくるしかないほど、不幸になるように」と呪いをかけてもらっていたと言っていた。一回につき五万円で月二回、その呪詛師を呼んでいたと聞いて、鬼かと思った。それほどまでしてでも、自分のところに引きよせたい、自分のものにしたいのかと、ぎょっとした。

しばらくぶりに顔をのぞかせた自分に、養母は、「お前がうちの子だったら、これもこれもこれもお前のものだったのに」とか言って、ちっちゃいネックレスを、並べて見せた。こんなもので釣ろうとするのはいやらしいし、こんなことをする養母がバカに見えた。そのころ、自分は高収入を得ていたので、そんなもの何個でも買えると思った。ただ最近は、歪んでいるものの、それでも愛情には違いないと思ったりしている。

病気

二三歳のころ、ストーカー被害に遭って、生活が一変した。尾行され、携帯電話をひったくられ、川に投げ込まれてしまった。このシーンをとても鮮明に記憶している。携帯電話会社に問い合わせたけれど、事件性のある電話番号の再発行はできないと言われた。長年、政財界のパーティーとかに顔を出して顧客を広げてきたけれど、その多くは、特定の電話しか受け取らない人たちだった。つまり、携帯電話をなくしたことで、一斉にその顧客を失ってしまった。

さらに、その被害に遭った後、立て続けに、今度は、自宅のドアが勝手に少し開いて、そのドアの隙間から手が出てきて、チェーンロックを外そうとガチャガチャガチャガチャってする光景を見てしまった。それ以降、すっかり外に出るのが怖くなって、出られなくなってしまった。

もともと、同じ場所にしか行けない傾向があって、基本、仕事と家の往復の生活で、遊ぶところも店も、決まったところにしか行かなかった。ひとり暮らしをするようになったころから、不眠とかで自律神経失調症と言われたりもしていた。そして、この件以降、その傾向が強まり、さらに、パニック障害も加わってしまった。

当時、毎月数百万円入ることを見込んで、買い物も派手にしていた。デパートの担当に電話で用意してほしいものを告げておくと、私の好み通りのものをセットしておいてくれるので、タクシーで乗り付けて、上の階から順番に用意されたものを確認していく感じだった。三カ月か半年に一回くらい、二百万から一千万円ほど買い込んでいた。それが、外には出られないし、いつでもお金が用意できる頼みのスポンサーにも連絡がつかなくなってしまったし……という中で、たちまち資金繰りに困ってしまった。

それまで滞納したことがなかったので、支払いを「どうしよう、どうしよう」と思って、スケジュールをもっと詰めて、何日までにどうすればなんとかなるかなとカレンダーとにらめっこをしているうちに、どんどん気持ちが参ってしまった。二週間で八kg痩せて、三四kgになっていた。数えてみたところ、二週間で五食しか食べておらず、ほとんどジュースだけで生きていた。それまでお金に不自由さを感じてこなかったので、支払えないときにどうすれば良いかがわからず、頑なに支払わなければいけないと思うだけだった。もっと公的機関を頼っても良かったんじゃないかって、今は思っている。

病気中、今まで買ったものを全部質屋に入れて、それでも足りなかったので、実母に、二〇万円貸してくれと連絡した。すると、「手切れ金として送る」と言われた。実母に連絡する前から、異父妹に連絡をとっていて、「お姉ちゃん、お金貸そうか」と言われていた。けれど、身体が弱いことを知っているから、「心配しなくていい。大丈夫だから」と断った。しかし、実母は、「あなたの不幸が、ちょうど妊娠中の妹にうつったら困るから、妹に連絡しないでくれ」と言ってきた。実母には、それ以前に、映画に出ていると告げていた。儲けていたころの自分に対しては、「ここはあなたのうちだから、いつでも帰っていらっしゃい」と言って、帰るたびに高価なものを買わされてきたのに、である。

養母から十分傷つけられてきたので、もうこれ以上、身内のことで傷つくことはないだろうと思っていた。けれど、「ああ、まだあったか」と、当時、思った。二〇万円を送ってもらって以降、一切連絡していない。そして、この手切れ金の件を、人生最悪のエピソードの二つ目として挙げている。

この件で、自分は、人の心をなくして、とても冷たくなった。「親には親の人生があるんだから、死んだところで知ったこっちゃない。養父以外は……」と思った。

そこから立ち直るまで、大変だった。風俗の女帝だとか言われ続けて、華やかな時期が長く続いたから、病気をしても、「もう少し太って、元に戻れれば、マスコミに取り上げてもらえて、復活できる」「絶対、元に戻るんだ」と思っていた。しかし、拒食が一向に治らなかった。

今の自分をそのまま受け入れるなんて、人間、なかなかできない。現実を見て、自分はもうできない、もうだめなんだと諦めて、これからどうしようかととらえることは、人生の中で、最大の挑戦だった。そう思わなければいけないとわかってはいるが、そこが一番努力したところである。デビューして以降、周りに押し上げられる感じで、あれよあれよという間に、自分の努力でもないし、本当に勢いとか時の運だった。だから、自分で一番努力して変わったのは、そういう自分を諦めるということで、これは最大の苦痛だった。

クスリとの出会い

なかなか体重が戻らず、体調が良くて行けるときだけ行けば良い仕事を少しするようになった。客の中には、もともとクスリをやっている人も多く、クスリの売人も結構いる。自分は、口が堅いので、そうした客からも信頼されていて、「これ、捨てといて」とか「あげるよ」とか言われて、当時は、よくわからなかったけれど、今思えば七〇gくらいもらっていて、使わないままずーっと置いてあった。

しばらくして、覚せい剤の粗悪品とかが出回りだして、粗悪品ばっかりになってしまった時代があった。自分が痩せていることから、クスリをやっていると勘違いした客がいて、自分に、クスリがどこかにないかと尋ねてきた。自宅にあるとは言えないので、持ってきてあげることはできると言うと、往復のタクシー代に加えて延長料金を払ってくれた。当初、クスリの値段がわからないので、ただで渡していたけれど、それは粗悪品が出回る前の良質なものだったらしく、そのことが口コミで客の間に広がっていき、「兄貴を紹介していいか」「親分を紹介したい」などと言われるようになった。

当時、上層部ですら、自己使用分の良質なものが、なかなか手に入らない時代だった。そこで、「これって、お金になるんだ」と気づいて、売るようになっていった。それを餌にして、博打をして、ヤクザからお金を巻き上げたりした。博打はとにかく強かったので、それで生活できた。

当初、覚せい剤を授受していただけだが、あるとき、何かの本で、覚せい剤を使うと血圧が上がるという情報を得て、使ってみる気になった。とにかく痩せすぎで、タクシーを呼んでいる最中に、貧血になったりすることもあった。だから、血圧が上がるならばと思って、手を付けるようになった。

最初のうちはやり方がわからないので、飲んでみたりもしたし、量もよくわからないから、このくらいかなって感じで試してみた。すると、たしかに血圧は上がるし、元気も出てきた。クスリを使うと、通常は痩せていくらしいけれど、自分の場合は、元気が出て食べ物を買いに行けるようになったし、食べようって意欲も出てきて、逆に、どんどん体重が増えていった。

その間に、役所とかに相談しに行った。当時ローンがかなり膨れてしまっていて、自己破産の制度を教えてもらって、そうするかどうか随分と悩んだ。でも、自分は復活できると思って、汚したくないから自己破産はしないとして、ずいぶんあがいた。

クスリの力を借りながら仕事をして、クスリのやり取りから段々とヤクザの世界でも顔が広くなっていった。そして、この時期に良質の覚せい剤を持っているのだから、どこかの姐さんだと勘違いされるようになった。そして、クスリを提供してくれた恩返しじゃないけれど、今度まとめて良いのが入ったら連絡するからなどの情報も、どんどん集まるようになった。

さらに、覚せい剤の炙り方も、いろいろな人から教えてもらって、そのおかげで、「炙り方が都内でも随一」と言われるまでになった。都内では、炙りの人が多いので、よく炙りの依頼を受けるようになった。また、自分が「売れる」と言ったものは、必ず売れるようになり、その目利きの風評が広がり、そうした組織の人たちの大きな取引の場に呼ばれるようになっていった。

刑事司法機関

三〇代後半だったと思うけれど、一回目は車に乗っていた際、バックナンバーのライトが切れているとして職質を受けた。そして、覚せい剤を持っていたことが発覚し、執行猶予判決になった。そして、その八年半後に、今度は覚せい剤の自己使用で捕まって、受刑に至った。

その間、ずっと覚せい剤を使い続けていたわけではない。半年間やめたり、三年間やめたりしていた。覚せい剤をやめるのは特に苦痛ではなく、人からの依頼がなければ、使わなかった。覚せい剤の取引をしていると、それだけでは済まないことが多くて、その人間関係が嫌になって、しばらく引きこもっていたりしたこともある。

あるとき、住んでいたマンションの水道管が破裂して、水浸しになってしまい、一日も早くと思って転居したところ、体調がすごく悪くなった。実はその転居先は、人が死んだことを隠して貸していた物件であった。原因不明の咳に悩まされて、もうにっちもさっちもいかなくなったとき、生活保護という制度があると知った。そして、生活保護を受けるようになって、少しずつ外の人とも交わるようになっていく中で、昔のクスリの人とも出会い、また始めないかということで、再び使うようになった。

この二回目の逮捕のときは、金貸しもやっていた。自分が捕まれば借金から逃れられると思ったヤクザが、警察に自分の名前を出したらしく、ガサが入った。そのときは、何も出なかったけど、後日、テールランプがついていないということで職質を受けて、覚せい剤の自己使用が発覚し、一年半ほど刑務所務めになった。

仮釈放の際、弁護士の紹介で、とある地域の名士を紹介され、そのお宅に住むことになった。そのお宅の主人は、刑務所在所中、あれもしてあげる、これもしてあげると言ってきたが、いざそこに住まわせてもらったところ、セクハラ、パワハラを受けた。

そのお宅にお客さんが来るたびに、「この人、元ポルノ女優で、覚せい剤で家で預かっている」と話していた。こうした個人情報を漏らしていいのかと思ったけど、「お前なんか、俺の一言で、刑務所戻りだからな」って脅された。また、奥さんがいないときに、やらせろと迫ってきた。その結果、家に奥さんがいるときは平気なのに、奥さんが出かけてしまうと、いきなりかゆくなってブラジャーの形で蕁麻疹が出てくるようになった。でも、奥さんはそんなことなど知らない。奥さんが確実に家に帰っている時間になってから帰宅してみたところ、「遅くに帰ってくるのなら、帰ってくるな」と言われてしまった。その実状を公的機関に訴えても、取り合ってもらうのにかなりの時間を要した。途中から、その主人とのやりとりを密かに録音しようと思いついた。「私がこのような病気になったのは、あなたのせい」と言ったら、「一回だけ、一回だけじゃないですか」と答えた録音を自分はもっている。

途中で、その家を出ることが、保護観察所で認められたが、その主人は、「人に受けた恩は返すもんだ。ちゃんと形にして、つまり、お金にして返すのが、普通の人間だ」と言ってきて、自分のところに住んだ際の経費を払えと迫ってきた。「引っ越し代として普通五万円くらい出る。見積り書と領収書は私が書いてあげるから、役所に行って手続きをしてきなさい」などと言われた。「お金を払わないならば、出さない」とも言われた。

自分的には、引っ越し代と称して役所から金を騙し取るのも、ヤクザに頼まれて、クスリの味見をするのも、どっちも同じく犯罪だと思っている。そして、自分の中では、役所を騙すよりも、ヤクザからお金を借りて、その見返りにクスリの味見をする方がマシだと判断した。しかし、その接触を通じて、自分が社会に戻ってきたことが知れ渡って、そういう付き合いがまた始まってしまった。だから、その名士にお金を強要されなければ、今回の受刑には至らなかったはずである。

クスリの味見を依頼される回数は増えていった。そして、味見の謝礼金の代わりに、味見をした残りを置いていってくれるようになったため、どんどん覚せい剤が貯まっていき、今回、押収量が多くなってしまった。そこで、刑期も長くなった。

覚せい剤関連で刑務所に出入りしていることに関して、社会的には、それがバレれば、たとえば、仕事をする際の信用はないだろうな、とは思う。しかし、多くの人は、クスリでいろいろと失くしてしまったと思うようだけれども、自分の場合、何もかも失くす原因となったのは、拒食になってしまったという自分の病気である。そして、クスリは、反対に、自分を復活させて、元気を出させてくれた。食べられるようになったり、買い物に行けるようになったりした。前科とかがわかると、世間や社会からは、不利に扱われるかもしれない。けれど、自分の中では、覚せい剤は再出発の手がかりを掴めた這い上がりの途中の必要悪、悪でもない、必要なものだった。拒食から立ち直って以降も、胃痛がひどかったり、うつで外に出たくないとき、気力を出すためによく使っていた。

刑務所から出所した今の状態

今回、二度目の刑務所から出てきたところだけれども、自分がよく知ったエリア以外のところに行くと、緊張がひどく、ものすごく汗をかいてしまう。以前、タクシーばっかりの贅沢な暮らしをしていたから、電車に乗ると、水道をひねったくらいの汗が出たり、近くに人が寄ると、体臭がするんじゃないか、変に思われるんじゃないかと気になったりしてしまう。だから外に出るのにすごく勇気が必要で、引きこもりたい気持ちが強くなっている。こうした症状について、初回受刑に至るまでは、クスリのせいと思ったりもした。けれど、前回出所したときも、今回出所したときも、同様の症状に悩まされている。だから、クスリのせいではない。

今は病院に通っていて、安定剤と抗うつ剤をだいぶ飲んでいる。潰瘍もある。朝、抗うつ剤とたばことコーヒーを飲んで気持ちを奮い立たせようとしているけれど、なかなか「仕事に行くぞ」って気持ちになりにくい。仕事が嫌いで、職場に行きたくないから、こうした症状が出ているわけではない。もともと仕事は好きで、刑務所でもなぜか班長とかを任されていた。むしろ、ワーカホリックの類の人だと言われたこともある。

これからの見通しや目標

このところは、覚せい剤のことをあまり思い出していない。タバコはやめられないけれど、覚せい剤はさほどではない。今通っている病院から出される抗うつ剤とコーヒーとたばこで、なんとか過ごせている。

六本木で有名なママだった人が、今は癌なのだけど、刑務所在所中、ずっと文通してくれて、出たら家に来ていいよって言ってくれている。そこに世話になるのもいいかなって。

三三歳までは、わが人生に一片の悔いなしだった。これからについては、どう盛り返すか、どんな形の成功でも良いので、もう一度成り上がってみたい。具体的には、洋服のデザインとか。昔から自分で作っていたりした。中学のころ、ミシン工場でアルバイトをしていたし、洋裁の高校にも少し行ったし、今回の刑務所でも洋裁工場で班長をして、人にも教えていた。だから、自分で企画した洋服をネットで売ってもいいと思っている。

また、昔、ミリオンを出した会社に挨拶に行って、自分がプロデュースするビデオを撮ってみてもいいかなとも思っている。高級店にいたときのお客さんには小説家が多かったし、なんか自分は小説家にとても好まれる。プロデューサーとかディレクターのお客さんが企画に悩んでいるとき、自分が見た夢の話が火曜サスペンスとかに使われたこともある。そうしたことを、文章にしてみるのもいいかもしれない。

また、これまで延び延びになってしまっていたけれど、養父の墓を建てたい。養母は、お墓やお寺も教えてくれなかったけれど、やっと住職を探し当てて訪ねたところ、住職さんは、「こういう職業をやっているので、他人様のことを悪く言ったことはないんですけど」と前置きして、「貴方のお母さんは永代供養の分までお金はいくらでも支払いますから、二度とこの人の墓の世話もしたくないからってお墓も建てずに、無縁仏に一緒に入れてくださいと言って、机の上に五百万円くらいバンと渡されて、お骨もそのまま本堂に置きっ放しにしていった」と話していた。自分は、籍も抜けているので、他人がお骨を触るわけにいかない。だから、住職さんに頼んで、一部をもらって、自分の口に入れて哀悼の意を表した。

だから、養母と和解して、籍も戻して、養父の墓を建ててあげたいと思っている。実際、年明けに一度家に戻ると約束していた。けれど、その約束の前に、今回の事件で捕まってしまったので、その後、連絡をとっていないままになってしまっている。

今現在、その養母の生死もはっきりしていない。そりゃあ、何十億もある家だから、それを相続したいという欲もある。だけど、それだけでなく、養母について、歪んだ愛情表現ではあったものの、晩年くらいは看取ってやるかと言う気持ちがないわけではない。

自分は寺とかが大好きである。そういうところに行くと、空気が違うと感じる。単に緑が多いとか、そういうことじゃなくて、きれいになる感じ。浄化して、雑念がなくなり、無になった感じがする。でも、それは、養母が、お寺巡りが大好きで、子どものときによく連れて行ってもらったからだと思う。そう考えると、養母とも、少しばかりだけれども、いい思い出がある。

暴力団が悪いとは限らない

政治や社会問題の中で、暴対法ができたことには、反感を覚えている。ヤクザは戦後、治安維持にすごく貢献して、政治家と強くつながっていた時期があったと理解している。しかし、政治家が二世代、三世代目になって、自らが関係しない時代になったら、ヤクザを全部一緒くたにしてしまった。実際には、本当に義侠心があって、東北の震災のときに食料をもって駆け付けた親分とかも知り合いにいる。都合良いときだけ利用して、後は切り捨てることに反感を抱く。

この他、自民党が強いことは問題なく、賄賂や汚職も、力の表れだと思っている。それに、賄賂や汚職があるときの方が、景気が良い。堅いばかりの政治がいいわけではなく、たとえば、田沼意次から代わったときに、「元の濁りの田沼恋しき」みたいな狂歌ができたのも、それを示している。この他、ハマコー[注1]みたいに、既成路線に追従するのではなく、言うべきことを言って戦っていくような実力がある人間が大好き。

自身の人生の語りをふり返ってみて

昔から、正義感だけは強かった。ワルをしていた中学時代、同級生が他の高校生にカツアゲされたときなども、現金は諦めるにせよ、お父さんにもらった腕時計だけは取り戻そうと思って、喧嘩しに行ったりしていた。

また、誠実であることも重視していた。お金のことでも、誠実であろうとして、支払が遅れたことも一度もなかった。だから、払えないと思ったところ、拒食にもなってしまった。裏社会とまではいかないにせよ、半堅気である風俗の世界に生きていながらも、信用がなくなることには、とても恐怖感があった。

風俗で稼ぐことをとやかく言う人もいる。けれど、もらえる分だけの働きはしていた。スケジュール通りにきっちりやっていたし、人の三倍くらい、自分は働いていた。

自分のことは自分で守らないと、誰も身を挺してまで守ってくれないと思っている。本当にちゃんとした愛情をもった親がいるなら、子どもを守りたいって思うかもしれない。けれど、特に自分の場合、親がいないに等しいから、自分で、自分の管理をして、自分の身を守るしかない。上がっていくにしても、自分で努力するしかない。

そうした状況下、自分は達成感を追い求めて、生きぬいてきた。ほとんど仕事オンリーで、これをあれをとスケジュールをこなしていた。だから、病気になって、諦めるということは、本当に苦しかった。

インタビューの最後に、自身の人生を一〇〇点満点で評価してもらった。彼女曰く、三三歳くらいまでは、一四〇点くらい、いや、二〇〇点くらいだったかもしれないと笑う。そして、今は四〇点。だけれども、八〇点く

(注1) 日本の政治家、タレントである浜田幸一のこと。

らいまではなれそうと言う。二〇〇点くらいのころに戻りたいかと重ねて問うと、戻れたら戻りたいけれど、あれほどの劇的な変化はそうそうあるわけではなく、戻れることはもうない、それは諦める、と言っていた。

コメント

自頭が良く、いろいろな刺激を吸収でき、自分なりに工夫して道を開いていこうという気構えの強い人であると見受けられる。実際、受刑中に行われた知能検査でも高得点を取っていた。運や勢いがあったからとはいえ、恵まれた知力や身体美、そして度胸があったからこそ、一世を風靡したAV女優に上り詰めたのであろう。

エリクソンが定式化した心理社会的発達課題の達成感覚を測定するEPSIの結果では、自らが選択し決断していけるといった自律性、自らの人生を自身の責任として受け入れようとする統合性の得点が高かった。それは、犯罪者群ではなく、一般人に実施した評定結果に比較しても、高い結果であった。置かれた状況下で、自分なりに精一杯生きてきたということであろう。また、物事を成し遂げることに努力を惜しまずに取り組めるという勤勉性についても、一般人の中でも高めの結果であった。

この他、行動選択を行う際にどんなことを念頭に置いているかという自己評定において、自身の行動がどの程度社会に影響を与えるかには無頓着であって、自分がどう評価するかが大切であると評価していた。

彼女は、彼女を犠牲にして保護者自身の幸福を追い求めようとする姿を幾たびとなく経験し、また、彼女が窮地に立たされているときですら助力してくれないことを重ねて体験している。実際に、そんな現実があるのかと、耳を疑うような話も出てくる。こうしたやりとりの中で、自分を守れるのは自分しかいないという思いを強めていったのであろう。せめてもの救いは、養父とは良好な関係を築けたことである。

こうした経験の中で、他者との温かい情緒的交流を求めなくなっていったことは、致し方ない。そのような交流についてのエピソードは語られていない。むしろ他者関係は、自身のみでは統制できないやっかいなものなのであろう。一方、仕事等は、自分の努力次第で、成果や成績を上げることができる。自身に兼ね備わっているいろいろな力を発揮すべく、懸命に取り組み、その世界で高見に上り詰めることができたりもしたのであろう。

なお、正義・誠実を重んじているとする彼女であるが、それは自身の価値判断に基づくものであって、いわゆる堅気の世界で通用する視点とイコールではない。彼女が困ったときに利用してきたのは、やくざや違法薬物であった。反社会集団で横行している価値観への抵抗感・違和感を有してはいない。生き延びるためには、反社会的なものかどうかなど気にしていられなかったのかもしれない。

彼女は、力を有するものが制するといった考えを前面に押し出している。自身のつらい経験について、力を持っていなかったがゆえととらえているのかもしれない。これまでの経験から、人生、互いに助け合うというよりも、常に勝つか負けるかの闘いであるととらえているのかもしれない。実際、自身を支えてくれると彼女が信じられる支援者はいない。だからこそ、自力で頑張らなければならない。そして、無理に無理を重ね、限界点に達している。それが、彼女が呈している精神症状なのであろう。

第11章

身体を壊したことを機に転落した女性

離婚後、職場で知り合った上司に、職能を評価され、私的にも交際するようになった五〇代後半の女性。しかし、病に倒れて以降、その交際が断たれ、職場も解雇されて生活苦から犯罪に走ってしまった。そして、子どもから「犯罪者」と冷遇され、捨て鉢になって再犯に至っている。その彼女が語る半生とは……

孤独、忍耐、我慢の子ども時代

次女として誕生したが、両親は、自分の小学校低学年時に離婚している。幼少期の幸せな思い出には、その離婚以前の情景が思い浮かぶ。自分が道端で採ってきた野蒜を母親に料理してもらったこと、父親と一緒に釣ってきた魚を家族で一緒に食べたこと、父親と出かけて急な雨に遭ったとして慌てて沸かしてもらったお風呂で遊んでもらったことなど、わきあいあいとした家族の風景が思い浮かぶ。父親と一緒に暮らしていたころには、そういう楽しい思い出があった。

しかし、両親が離婚して、母親、姉と三人で暮らすようになってから、母親が働いていた飲み屋で知り合った男性と同居することになってしまった。その男性は酒乱で、家の中で暴れて、さらにすごく卑猥なことを平気で小学生の子どもにまで言ったりした。自分が高校を出るまで、悲惨な生活が続いた。酒を飲んで暴れて、いやらしいことを言うから、自分が嫌な顔をする。すると、それが気に食わないってことで、さらに暴れまわって、ものを投げつける。それを見て、母親は自分に、「お父さんに謝りなさい」と言う。悪くないのに頭を下げさせられて、悔しくてたまらなかった。こうした体験のせいで、自分が悪くないのに、「あっ、ごめん、じゃあ私、間違えたのかな」と引いてしまっては謝る癖がいまだに抜けきれない。おかしいと言えずに、我慢する習慣がついてしまって、要するに、自分の感情を抑える癖がついて、人に対しても、心の底から怒れなくなってしまっている。

その義父は、自分にいたずらをしようとしてきて、それが本当に嫌で嫌で、川に飛び込んで自殺しようとしたこともある。泳げなかったはずなのに、気がついたら、岸辺にたどり着いていて、助かった。こうした様子を見て、母親は何かあったと察したようで、「ごめんね。お父さんと別れるから」と言った。けれど、その相手も、「もうお酒は絶対に飲まないから、別れないでくれ」っていうことで、結局、高校を卒業して、姉と二人暮らしをするまで、ずっとそのような生活が続いた。

その義父から受けた行為は、いまだに自分に影響を及ぼしていると感じている。自分の心には、寂しい、寂しい、として、膝を抱えてるちっちゃい子どもがずうっといる。だから、自分は、見た目は、大人だけれども、結局は、大人の振りをしている子どもである。

自分の子ども時代は、孤独、忍耐、我慢。それが心の一番奥のところに潜んでいて、それからいろんなものが発展して、今の自分がある。要するに、義父に関することがトラウマになっている。未だに、自分が逃げている夢を見る。「ごめんなさい、ごめんなさい、私が悪いです、すみません、すみません」と逃げていて、だから自分は、心の底から負け犬人生で、本当にずっとそういう人生だった。世の中の常識を身に付けているように映るかもしれないけれども、実は、いつまでも、その義父に受けた行為の影響が残っている、と思っている。

結婚・離婚を経て、子育てをする傍ら働き始めた時代

高卒後、地元のスーパーに就職し、紳士服売り場担当となった。そこで、中学校時代、初恋だった人と再会し、結婚に至った。結婚時には、すでに長女がお腹にいたということで、その後年子で三人姉妹を産んだ。しかし、結婚して一〇年あまりで、離婚に至った。夫に女ができたからである。子どもは三人とも、自分が引き取った。

長女を産んだときを初めとして、子どもたち三人がちっちゃくて可愛らしかったころ、夫もまだ一緒にいたころが、一番充実した子育てのときであった。そのころの夢をよく見る。

離婚当時、主婦だったけれど、夫が家を出ていき、収入がない。そこで、自分が働くことになった。最初はセールスの仕事に就いた。しかし、間もなく、会社の現場事務の職に就くことができた。そこは、きちんとした一部上場の一流会社。収入も結構良くて、子ども三人を育てても十分生活ができた。その職場で、一〇年近く就労した。きっちりやらないと気が済まない人間なので、しっかりと仕事をした。そして、その現場の所長C氏と恋愛関係になっていった。そのC氏は、地方に妻子を置いて、ずっと単身赴任していた人であった。

子育てにも関わってくれたC氏との思い出

C氏との交際について、長女は一歩引いた感じだった。しかし、次女、三女と四人で旅行に行ったことが、良い思い出として残っている。C氏は面倒見が良く、娘たちとも遊んでくれた。次女の進学にあたっても、身元引受人になってくれた。次女の方も、C氏が学校の近くにいるからということで、理由をつけては、いろいろとおねだりしていたらしい。

三女が、そのC氏のことを、一度「お父さん」と声掛けしたシーンを、今でも鮮明に覚えている。夫と離婚して間もなくのころ、人から父親のことを尋ねられた際、三女はまだ四～五歳であったにもかかわらず、「家でごろごろしている」とまことしやかに体裁を繕っていた。その三女が、C氏のことを「お父さん」と呼んだことに、自分の気持ちも華やいだ。ただし、思わず出た言葉というよりは、自分がそう言うと喜ぶんじゃないかとの思いから言った可能性も否定はできず、子どもたちは、そういう風に自分に気を遣っていたのかもしれない。「親子ごっこ」だったかもしれない。けれども、子どもの成人式にお祝いをしてくれたり、一緒に写った写真もあったりして、いろいろしてもらったこと、楽しかったことが、次々に思い出される。長女から、「自分がC氏の実子であるならば、よその子に優しくしているのは嫌だなあって思う」などと言われたことがあった。けれども、一緒に過ごした時間は素敵だったと感じている。

子どもが、自分をむかつかせるようなことばかりしてきたとき、「お母さん、帰ってこないから」とか「お前たちのことなんか知らない、勝手にしなさい」とかと言って、ひとりでカラオケに行って、憂さ晴らしをしたこともある。けれど、そのような夜を過ごせたのも、このC氏がいて支えてくれたからである。子どもを三人も育てることができたのは、C氏の支えがあったおかげであると思っている。

しばしば義父が夢に出てくるのだが、C氏と交際していたときは、不思議とそのような夢を見なかった。自分がわがままを言っても、C氏は決して動じず、笑って受け止めてくれた。夫に、「お前なんか、いらない」って捨てられて、どん底に落ちていたとき、自分が根本的に間違っていたのではないかって自信がなくなってしまっていたのだけれども、今井美樹の「プライド」の歌のように、C氏がいてくれることが、自分のプライドと思えていた。つまり、自信がなくなってしまった自分に、C氏は自信を与えてくれた、プライドを回復させてくれた人であった。

C氏の事業立ち上げに付き合ってから脳梗塞で倒れるまで

C氏が会社から独立して、土木資材の卸しの仕事をする会社を設立することになったので、自分も一緒に辞めて、その会社の経理、事務、総務すべてを引き受けるようになった。他に、営業の二名、さらに、その会社設立の一年後からは、大学を卒業したC氏の長男も加わって、五人の小さな会社だった。しかし、そこでの収入は、一流。女手一人の収入にしては、結構な額であった。

会社を立ち上げた当時、会社がうまくいった際には、それぞれに基金を作ろうなどの夢まで、C氏と語り合っていた。C氏は、世界の子どもに対する基金を作りたいと言って、自分は、女手一つで子どもを育てたので女性問題に関するもの、つまり、親族などがいなくて、子どもを抱えて苦しんでいる女性たちに手を差し伸べたいと本気で話していた。「誰かのために役に立つ人間になりたいね、そのために頑張ろう」って言って、それを目標にしようと言い合っていた時代もあった。

脳梗塞になってからの転落

新会社を立ち上げ、数年経ったころ、脳梗塞になってしまった。それこそ決算期などは、朝方まで仕事をする日も多かった。そのせいかもしれないし、もうそれはなんともわからないけれども、脳梗塞になって、一カ月入院した。周りからは、「随分若くして倒れた」と言われた。三カ月間リハビリをして、自立歩行はできるようになったものの、左半身に麻痺が残り、未だに、左手足の感覚はほとんどない状態である。

この脳梗塞だけが、今日に至る原因ではないだろうけれど、この脳梗塞になったことが、人生での大きな転機になったと思っている。最大の後悔は、脳梗塞になってしまうほど、身体を大切にせず、無茶苦茶な生活をしていたこと。

その後、一旦は職場復帰したものの、退院した翌年、退社することになった。病気の後遺症もあって、事務仕事でニアミスも多くなっていた。加えて、当時、その会社の経営状態が悪化してしまい、C氏は、経営資金を工面するために地方の自宅を売り払って、妻子を呼び寄せていた。つまり、職場がC氏宅でもある。そんな職場ではやっぱ、うまくいかない。奥さんがいらっしゃって。そこはやっぱし、世の常。

一方、退院して二カ月くらい後、母親を引き取ることになった。それまで、母親は、姉と暮らしていたが、姉との折り合いが悪くなったためである。職場復帰できて、ある程度生活に余裕があったので、「じゃあ、お母さん、来る?」みたいな感じで、引き取ることになった。母子家庭なので、きわめて安価な家賃で、公営住宅の四階に住んでいたが、当時すでに長女は結婚していて、次女も、後に結婚する人と同棲しており、スペース的に空いてもいた。ただ、母親は足が悪く、エレベータのない四階に住むのは不都合。そこで、同じ公営住宅の一階に移ることを交渉したけれど認めてもらえなかったので、それほど家賃は安くないものの一階の住戸を探し、転居した。ある程度の給料があったので、「母親が一階に住めるんだから、まあ、許容範囲だろう」と判断して、三女と三人で転居した。

しかし、この引っ越し後に退社に至ってしまった。そして、生活苦に陥った。アルバイトの事務仕事はすぐに見つかるものの、後遺症のためもあってかミスが多く、三〜四カ月くらいで首になることを繰り返した。以前の職場の給料は良かったとはいえ、子どもの学費などに充てたりしていて、貯金をしていたわけではない。したがって、仕事がなければまったくお金がない状態であった。

そうこうしている間に、月七〜八万円程度の副収入を得られるようになっていった。古本屋で一〇〇円くらいのものを買って、それをオークションで五〇〇円くらいで売り、その差益を利益にするというせどりを始めたからでである。昔の古い少女マンガを中心にせどりをしていたのだけれども、結構好評で、給料が入らない月も、一応それで何とかしのげた。パッキングとかを工夫するのも楽しく、それで収入も得られるのだから、これは、趣味と実益を兼ねた自分に合っている副職と思っている。

しかし、このようにぎりぎりの生活を送っていたところ、追い打ちをかけるかのごとく、別の病気にかかり、再度、入院することになってしまった。そして、その入院費が払えず、カードでの支払いに頼るようになり、それが段々嵩み、お定まりのカードローン地獄に陥ってしまった。そして、多少とも口座に現金を残そうとして、日用品を万引きするようになっていった。それまでの職場を離れて一年半くらいしたころから、そのようになっていった。

脳梗塞になるまで、自分には恋人もいて、収入も結構あって、仕事も大好きで、こういうふうに三拍子揃って、なんて幸せな女だろうと思っていた。だからそれまでは、犯罪歴など一切ない。それが、病気になってから、もう本当に、転がり落ちるようであった。恋人に裏切られ、精神的に苦痛を与えられ、自分だけでなく母親がいたこともあって、経済的にも追い詰められ、もうにっちもさっちもいかず、毎月毎月、どうやってこのカードローンの支払いをしようかって感じで、どんどん詰まっていってしまった。

C氏に対する気持ちの整理

C氏について、姉からは、「もう忘れちゃいなさい」「『そんな男』って思いなさい」と言われるけれど、一〇年近く付き合ったこともあって、そのようには割り切れない。あんまりにも思い出が良すぎて、いまだに吹っ切れない。いい思い出がいっぱいあって、恨んでも恨みきれない。

妻がいることを自分も知らないわけじゃなかったから、いつか別れることは覚悟していた。世の中には、いくらでも、旦那さんが先に死んでしまった奥さんがいる。だから、別れるときには、自分はC氏を死んだものと思って諦める。絶対にそうするから、別れるときはきちんと別れるから、ここまでだって言ってくれという約束をしていた。「本当にごめん。女房とお前の両方と手を握り合うことはできないから、もうここまでだ。別れてくれ」とはっきりそう言ってくれさえすれば……。しかし、実際には、単に「仕事ができなくなったから、仕事辞めて下さい」で終わってしまった。それこそもう一〇年近く、こういうふうに二人で夫婦同然に暮らしてきて、それでもって突然、それまでの素敵なことは無視して、一方的に、事務的に切られてしまって……。仕事に行かなくなって、会う機会がないので、別れてそのまんま。個人的に言いたいことがいっぱいあるのに、その機会が全然与えられず、言いたいことを一つも言えていない。言えていたならば、裏切られた感とか抱かずに、もしかしたらもう吹っ切れていたかもしれない。言えていないままだから、このように引きずってるんだと思う。

子ども三人を自分ひとりで育てるときにいろんなつらいこともあって、その間、何人かと付き合ったけれども、最後に付き合ったC氏は良い大学も出ていて知的な人だった。考えていることに意気投合して、人間的にすごく尊敬していた。だからこそ、醜い、卑怯な行動はしないだろうと信じていた。それなのに、最後、パッて身を翻した感じで、悔しくて、本当に命がすごく傷付いてしまう感じだった。

確かに、別れ方については、ひどい裏切り方だった。しかし、どうしても、卑怯な人とは思えない。そして、C氏に捨てられて以降、夫に捨てられた時代の自分に逆戻りしてしまった。プレイバックしてしまった感じである。

犯罪を繰り返して、服役に至るまで

万引きを続けていくうちに、お金が欲しいからという理由以外で、万引きをするようになっていった。はっきり言って、カードローンが嵩んで、多少工面したところで、立て直しができる状態ではなくなっていた。それでも万引きを続けていたのは、万引きで憂さを晴らそうとしていたからである。ただもう八つ当たり的に万引きをしていた。

自分がこのように頭を抱える状態でいるのに、母親は平気でわがままを言ってくる。そのような母親との生活もすごくストレスになって、いっそう追い詰められた気分になっていった。そして、うまくいかなくなった人生を、恨んだ。ストレスをどっかにぶつけたいって思って、万引きをして、「世界に対して、ざまあみろ」みたいな感じになっていた。人に対しては、一歩引いてしまう自分なので、直接攻撃することはできない。けれども、万引きは、人を直接攻撃するわけではないので、できたのだと思っている。

結局、逮捕され、裁判で、執行猶予判決が下った。その時点では、長女が情状証人になってくれた。また、疎遠になっていた姉も、借金のことを含めて何かと面倒を見てくれた。そして、判決が出て以降、生活を再スタートさせることができた。ネットスーパーに就職でき、そこでホームページの管理、顧客管理、データの抽出、荷物の梱包、出荷、みたいな仕事を始めた。その間、万引きをすることもなかった。執行猶予判決が下って以降、何が何でも捕まるわけにはいかないと思っていた。しかし、次女の結婚式以降、万引きが再発してしまった。

次女が長らく同棲していた相手と結婚式を挙げるということで、それに出席したところ、すごくうれしいはずの結婚式で、嫌な思いをした。当時、末娘は結婚しており、二人の子どもを授かっていた。しかし、その旦那が、犯罪をするような母親に、子どもを抱かせたくない、触らせたくないということで、ずっと会えていなかった。だから、自分が結婚式に出席するにあたっても、子どもを抱くな、触るな、話すな、と条件をつけてきた。結婚式の最中、初めて見る孫がちょこちょこっと寄ってきても、そーっと頭をなでなでするくらいしかできない。一方、その旦那の両親は、その孫に、大きくなったわね、などと話しかけている。孫を抱きもせず、話しかけもしない自分を周りがどんな目で見ているかって想像して、すっごくみじめな気持ちになって、結婚式の最中、感極まってワーワー泣いてしまった。

挙式後の家族写真にも、入れてもらえなかった。三女の旦那がいるので自分からは入れず、誰からも「お母さん、こっち」と呼ばれることなく、結局、娘の晴れ姿と一緒の写真を撮ってもらえず終いであった。自身の人生で一番いい思い出に挙げることができるほど、次女の花嫁姿は綺麗であったのに……。

さらに、自分だけ、ほかの親族と別のホテルに泊まることになっていた。ホテルの部屋で、近くのコンビニで買ったおでんとワインを目の前にして、本当に涙があふれ出てきて、「なんて、惨めなんだ」「自分だけが、どうしてこんな思いをするのか」とつくづく感じてしまった。

しかもその後、長女が家に来たときに、「あのとき、すごい惨めだった」と話したところ、娘は、「可哀想だけど、自業自得」と言ってきた。ものすごくガーンときた。

このやりとりの前から、「どうせ、お母さんはそういう人だから」と繰り返し言われてきた。だから、執行猶予期間が明けても、一生この子たちには、そう言われ続けんのかなあって思っていた。はっきり言って、当時、生きがいを感じることができず、ただ単に、生きるため、食べるために生活しているようなもので、将来に希望などなかった。だから、娘にそう言われてからは、もう本当に死にたいと思っていた。

しかし、怖くて、なかなか自分じゃ死ねない。そのような話を長女にしたところ、「お母さん、何言ってんのよ、甘いわよ」「わたしたちが、旦那さんに、今、どれだけ気を遣って、大変だと思ってんの？　お母さん、死ぬって言って、どうせ死ねないんだろうけど、お願いだから、死んでよ」って言われてしまった。

長女は、三姉妹の中でも一番自分に性格が似ており、自分のことを見透かしている。その長女にそう言われてしまって以降は、もう死にたいと思っても死ねないならばと、本当にやけになって、万引きを繰り返すようになっていった。どうにでもなれみたいな感じで、日常的に、いつ捕まっても不思議じゃないほど、万引きがひどくなっていった。そして、今回の服役に至っている。

受刑に至っての気づき

罪を犯しても、これまで自身をふり返ることはなかった。執行猶予判決が下るまでの間、拘置所等に収容されたりもした。しかし、捕まっても、だいたい最初は罰金、次は執行猶予と聞き知っていたので、拘置所に入っていたときも、数カ月我慢すればいいと思っていただけだった。受刑以前は、「どん底に落ちた」とまでは思っていなかった。昔から言われているとおり、自分みたいなおバカさんは、いくら口で言われても効果はなく、本当に痛い目にあわないとわからない。そもそも自分みたいな人は、人の意見を聞いているようで聞いていない。たとえば、姉の助言についても「うん。わかった、わかった」と聞き流してしまっていた。こういう事態にまでならないと自分は気づけない人間なんだと思う。

刑務所の生活は大変であった。刑務所は、力の序列の世界であって、人に気を遣うことなく自分の思っていることを平気でバーバー主張し続ける人にとっては、苦痛でないかもしれない。けれど、自分のように自己主張ができない人はいじめられやすく、同じ生活を繰り返すのは、もう懲り懲りだと思っている。

服役中、いろいろ考えた。夫と別れ、それ以降も何人かの男の人と付き合ったし、娘も三人育てた。けれど、自分のそばに、今、誰ひとりとしていない。そうなったのは、「自分が、自分しか愛していない人間だから」と気づけるようになった。

ふり返ってみるとC氏と別れて以降、娘たちに精神的にべったりであった。しかも、それに気づかず、娘の反応に対して、逆恨みしていた。娘に、「もう本当、お母さん、疲れた」って言われたことがあるけれども、それが、娘の本音であったのだろう。実際、自分は、安らぎを与えるお母さんじゃなくって、自分のことしか考えていなかった。ただ母子家庭だったので、自分が絶対の存在で、娘たちも「お母さんが言うのだから、仕方ない」と容認していたにすぎなかったのだろうと思っている。

娘たちは嫁ぎ先で肩身の狭い思いをしているだろうに、自分は自分のことばっか考えて、「ねえ、ねえ、もっと私のこと、かまって」と言って、さらには、娘たちの態度が……みたいに逆恨みしていた。娘に「お母さん、死んで」と言わせてしまったことは、罪深くて、人生で最悪のこと。「誰だって、母親にそんなことを言いたくはないだろうに、言った娘の方がどんなにつらかったか」と思えるようになった。娘たちに甘えている自分の認識を正すために、娘たちは自分にきびしく接したのではないかととらえてみたところ、「ああ、娘たちに、二度と顔向けできない」という気持ちになった。次女の結婚式の姿を思い浮かべるたびに、こういうふうになってしまった自分の過ちについて悔いると同時に、この後、どうやって娘たちに償いをしていくか、どうすれば娘たちにまた連絡できるようなれるかを考えたりしている。

離婚した夫に対しても、「子どもを三人も産ませたまま、放ったらかしにしておいて……」と、ただ無責任極まりない男と思っていた。しかし、今にして思えば、娘が、自分に対して疲れたと発言したのと同様、夫も自分と一緒にいて疲れたのかもしれない、C氏についても同様で、自分に疲れて、妻のもとに帰りたくなったのかもしれない、と思ったりもする。

社会復帰に向けての抱負

周りに誰もいなくなってしまった今、過去の自分のことをまったく知らない人たちの中で新しくやっていくことになる。このチャンスを活かして、新しく生まれ変わりたい。今度こそ、誰かを大切にしたいし、ちゃんとコミュニケーションを取れるようになりたいと思っている。

今回捕まる前は、「死にたい」「私なんか、誰のためにもならない」と思っていたけれど、今はこれからの人生を、楽しく豊かにして、人生を謳歌できるようにしていきたいと思うようになっている。経済的に生活を安定させていくべく、職業訓練の機会を利用して資格をとって就労してみたい。仕事に生きがいを持てるようになりたいし、友達もいっぱいいて精神的にも健康で、「私、今、幸せだから」って言えるようになりたい。そのような自分になれた段階で、娘たちに会えたらいいな、会ってくれたらいいなって思っていて、それが目標である。万引きをしていたころは、ただ食べるためにつらい気持ちのまま生きていた。けれど、今は、そういう目標ができたので、うれしい。

脳梗塞で倒れた際、リハビリを頑張り、このように自立歩行もできるようになった。意識が戻った当初、医者からは、悪ければ、一生、車いすの生活、と言われた。しかし、当時、やっと二人の娘が独立して、末っ子と二人で暮らしており、娘を独立させた後は、自分の好きなことをして生きていこう、これからが私の人生だと思っていた。

だから、こんなところで、自分の人生が終わってたまるか、人生はこれからなんだって一念発起して、リハビリを頑張った。つらかったし痛かったけれど、ここまでになれたとの自負がある。人間、絶対にやってできないことはないはずで、頑張ろうと思って、そのつらさを乗り越えられた経験値が自分にはある。

今回は、痛みと言っても、実際の痛みではなく、心の痛みに過ぎない。それを乗り越える力が自分にはあると思っている。最初に万引きをした時点で、自分のプライドをいやしめた。かつては「私って、なんて清楚な人間だろう」って思って、自分のこと、自分の人生が大好きだった。だから、もう一度自分のことを好きでいられる自分になれるよう、自分にプライドを持てる人間に戻りたい。もともとの自分を取り戻したい。

社会に対する失望や不満

社会事象に対する意見を筆者が求めたところ、政治がきちんとしていれば、人間は幸せになれると思うけれども、政治は、その責任を果たしていないと答える。

たとえば、福祉政策。身寄りがない人で、ひとりで生活できるほど回復していない場合であっても、病院に居られる期間に制限があるとして退院させられ、その後、利用できる行政サービスも、短時間ヘルパーが来る程度と聞いた。それはすごく理不尽であり、「何とかしてよ」って思ってしまう。

年金問題だって、徴収するだけ。実際にいくらもらえるっていう数字は、当てにならない。住専の問題[注1]が浮上したときも、結局、その損失を国民に負担させたことに、すごく腹が立った。こちらは母子家庭で、ぎりぎりで子ども三人を育てているのに、そのような家庭からも徴収する。一方、住専問題を引き起こした側は、高級住宅に住んだり、別荘をもったり、高級車を乗り回したりという生活を送っている。問題が起きたから

（注1）個人向けの住宅ローンを主に取り扱う貸金業の会社（通称，住専）がバブル経済期に不良債権をかかえ、その処理をめぐって生じた問題のこと。

といって、自分のものは何等処分していない。せいぜい給料が下がっただけで、不満を感じている。
こういうことはいっぱいあって、言ったら切りがない。

コメント

小学校低学年時に両親が離婚するまでは、子どもらしい生活を送れていた記憶があるものの、義父と生活するようになって以降、不穏な家庭環境で子ども時代を過ごしたことが見てとれる。義父の暴力に怯え、性暴力に傷つけられ、そうした状況から、逃げ惑う日々であったことが容易に推察される。さらに、その際、母親が事態を沈静化させるために、彼女に謝罪を求めるばかりであったことに、理不尽さ・悔しさを滲ませた語りをしている。成人になって以降、他者に向かって、はっきりと自分の意向を表明しない傾向は、このころの経験に由来すると自己分析している。自分の気持ちを表明しないからといって、その気持ちが消えるわけではない。結局、そのような気持ちは内的に処理されないまま、蓄積されていったと推測できる。

彼女なりに、そのような家庭を改善しようと手立てを尽くし、母親が義父との別れを口にするまでに至ったこともある。しかし、結局は実行されず終いであった。結果、ひたすら耐え忍ぶ以外、選択肢がなく、こうした状況について、忍耐、我慢のみならず、孤独と表現している。このようなつらい心情を察してくれる人がいなかったと察することができる。

彼女は、自身を「心の底から負け犬人生」と評し、当時の経験をその発端と位置づけている。この幼少期の経験が、彼女の内面に大きな影を残していると推測される。成人以降のエピソードで、犯罪を始める経緯の中で、再び母親が登場しているが、この過去に、区切りをつけたとするエピソードは語られず終いである。彼女の中で、過去のこと、終わったこと、などとの決着が、おそらくつけられていないままなのであろう。

初恋の人とゴールインしたのだから、その当時の喜びをいかに語るのかと期待したが、あまり熱を入れて話すことはなかった。この夫と一緒にいたころが、充実した子育て時代であると位置づけて、夢に出てくるとしている。しかし、その具体的内容を語るには至っていない。離婚に至っているがゆえなのであろうか。

一方、離婚後については、自分が頑張って、しっかりとした収入を得て、三人の子育てをしたと力説する語りが展開されている。就労先も、「一部上場」「一流会社」と強調している。離婚はしたものの、決して、自分が劣位に立たされたわけではないと聞き手に強調している印象を受けた。

C氏と過ごした日々が、彼女の自尊心を回復させたかのように語っている。C氏への感謝の気持ちを惜しみなく語り、自分の力を開花させるべく、生き生きと生きていた様子がうかがえる。自分のことを「きっちりやらないと気が済まないという人間」と評しており、自分の力を出し惜しみしない努力家と見受けられる。C氏に好意的に評価される中、C氏と共にする活動を、華やいだ気持ちで意欲的に取り組んでいたと推測できる。また、子どもの視点からすると、C氏との関係は必ずしも肯定的に受け取られていなかったかもしれないとする一方で、彼女にとっては、子育てするにあたっても、重要な支援者であったとゆるぎない評価を与えている。

それが、病に倒れたことをきっかけとして、問題が雪だるま式に大きくなっていき、一気に転落している。そして、カードローン地獄に陥る中、どうにか生き延びようとして万引きを始め、次第に、その目的が、感情発散へと変容していき、うまくいかない人生についての怒りを八つ当たりするかのごとくに万引きを繰り返すようになったと描写している。自身の思いからどんどんかけ離れた状況が展開してくることに腹立たしさを覚え、その怒りが万引きすることを逡巡させなくなっていったと理解できる。「ざまあみろ」と思って万引きをするなどの描写があり、激しい怒り感情を抱いていることが観察される。幼少期から蓄積された感情、本人なりに精一杯に生きているつもりなのに、次々と理不尽な現実がわが身にふりかかってくることへの腹立たしさを、万引きという形で表したと解釈するのはいかがだろう。

C氏への思いを断てないことが、如実にうかがえる。C氏との別れ方に対して、裏切られたとの思いを面々と語るものの、C氏自体を非情な人と徹底的に攻撃する姿勢は見られない。そうした心持ちになるのは難しそうである。

彼女のこれまでの人生の中で、C氏と分かち合った数々の思い出を、最も素晴らしいものと感じており、C氏への思いを断つことは、その思い出自体を傷つけてしまうことになるがゆえに、容易にはできないのであろう。

義父からの不適切な扱いを受け、それを母親が助けてくれなかったとの経験を持ち、さらに、夫からも見放され、自分が尊重されないという経験を彼女はたび重ねて経験している。だからこそ、他者からしっかりと受けとめてもらい、その尊厳を回復したいとの思いが、恒常的に存在しているのであろう。C氏との交際中、C氏は、彼女を全面的に受けとめ、それが彼女の新たなエネルギー源となって、好循環していた。しかし、万引きをするころの彼女には、周りに彼女を受けとめてくれる人がまったくいなくなっていた。彼女なりに精一杯気にかけて育ててきた子どもたちも、すでに成長し、それぞれの人生を進む中で、母親を必要としなくなり、さらに彼女が犯罪に走って以降は、子どもたち自身の生活を阻む存在と見なされ、遠ざけられるようになり、彼女の孤立感は一層増していったのであろう。

人に無頓着のまま、好き勝手してきたわけではない。C氏としていた仕事についても、身体を壊すほどにまで、尽力した様子が語られている。子どものことについても、ともかく育て上げる責任があると思って、懸命にやりくりしてきたつもりであろう。C氏のこと、子どものこと、いずれも大切な存在ととらえてきた様子である。ただし、彼女自身が言及しているように、そのとらえ方があくまで自身の視点のみであったという洞察は、正しいかもしれない。いくら、彼女が働きかけようと、相手には自由意志がある。しかし、彼女は、一辺倒の見方にとどまり、その彼女の思惑の範囲内での反応を他者に求めた結果、煙たがられる存在になっていったのではあるまいか。一方、彼女の側からすれば、相手が期待したような反応をしてくれないことで、自身が理解されていないと受けとめ、より孤立感を抱くようになっていったのであろう。

最後に触れている政治に対する語りからは、弱者が十分に配慮されていない社会ととらえていることがうかがえる。自身の立ち位置で経験するさまざまなことが、不条理、不公平であり、忸怩たる思いを幾度となく経験したのであろう。その中で生き抜いてきた彼女の人生は、忍耐の連続だったと思われる。

彼女のことを、窃盗を繰り返し、何が忍耐かとみなす人もいるだろう。犯罪を繰り返し、刑務所まで行ってしまった彼女は、ついに、子どもたちからも連絡をしてくれるなと言われてしまっている。罪を犯したのだから、冷たい目で見られるのは当然のことで、それに耐えるのが、自らの犯罪の責任を負うことであるという見方もあろう。

刑務所から出所した彼女は、子どもたちが会ってくれるようになることを目標に、誰も知らないところで新たなスタートを切ると語っている。新天地で、自身が大切に受け入れられていると実感できるようになれば、再適応の道を歩んでいくことは可能であろう。しかし、子どもたちが会ってくれるようになるまでの道のりは、それほど短くはないであろう。一方、社会生活を送るに際しては、不条理、不公平と彼女が感じるような刺激が、至るところにあるだろう。その刺激に揺さぶられて、つまずかないことを祈るばかりである。

第12章

置き引きで全国行脚してきた女性

たまたま置き引きが成功したことに味をしめ、置き引きを繰り返してきた六〇代前半の女性。「女性の中では日本一の置き引き犯」と自称している。結婚し、小康状態を保った時期もあるが、夫にそそのかされたとして置き引きを再開。刑務所出所後、職に就いて順調な生活を送っていても、途中でそれを捨てて、犯罪で生計を立てる生活に舞い戻ることを繰り返している。

子どものころの家族

自分が生まれたとき、男児が望まれていたのに女児だったので喜ばれなかった。すでに女児がいたからである。近所からも「また女の子なの」と言われ、「ほんとうに困った」などと母が話しているのを聞いていた。母親にまつわりつこうとすると、あっちへ行けなどと言われて、十分に甘えられなかった。その後、弟が生まれた。そして、弟はすごく可愛がってもらっていた。

子どものときから、家族では喧嘩が多かった。父親がアルコールを飲むと、必ず夕食時に喧嘩になる。だから、子ども心に「家の中を明るくしなきゃ」って思って、常に心配りをしていた。喧嘩になると、姉たちは母親の味方をしていたけれど、自分は楽しく過ごすにはどうしたらいいかって考えて、父親をひとりぼっちにしちゃうと可哀想っていう気持ちから、父親の肩をもったりした。喧嘩にならないような雰囲気づくりをしようと、ご機嫌をとったりしてもいた。ただし、こうした自分の心意気は周りに気づかれなかったであろうと思っている。

その父親は、すでに亡くなっている。しかし、葬式にも出ていない。実家に連絡を入れていなかったため、連絡がこなかったからである。この他、幼いころは、弟を可愛がった。とはいえ、このところは、二〇年近く会っていない。

未成年時代

幼児のころ、自分は変わっていて、ひとりで遊んでいることが多かった。自分でも素直になれないところがあって、兄弟たちが集まっていても、その中に入っていかなかったり、近所の人がいても、そこに混ぜてもらおうとしにいかなかったりした。そのころから、なんか自分の世界を作ろうとしていたのかもしれない。

小学校から中学校にかけては、勉強が嫌いだったので、友達といかに仲良く、どういうふうに楽しい学校生活を送るかを考えていた。しかし、友達とは、必ずしも良好な関係を結べなかった。

子どものころの嫌だった記憶として、仲間外れにされたことがある。小学中学年のころ、すごいお金持ちの友達の家に、仲の良い友達と七人くらいで遊びに行った。三時のおやつのとき、その子がすごくかわいいキャンディーボックスをもってきて、ひとりずつ配ったのに、なぜか自分だけにはくれなかった。子ども心に、わざとやった行為だとわかった。食べ物の恨みは恐ろしいって言うけれど、自分は執念深いので、くだらないことではあるものの、なぜ、私にだけくれなかったのかなあって、今でもその記憶が残っている。

予定していないのに、「誕生会をするから来て」と友達に声をかけ、ぎりぎりになって、都合が悪くなってできなくなったみたいに断ったことが思い出される。それが、嘘とばれて、絶交しようみたいになって、信頼関係がなくなっちゃった。たぶん自分が中心になりたくて、そういった嘘をついたのかなと思っている。

子どものころには、それなりにまっとうな夢や希望をもっていた。歌は下手なのだけれども歌手になりたいなどと思って、父親が近所に住んでいた有名な作曲家と懇意にしていたことから、自分の歌を聞いてもらったこともある。憧れがあったのだから、もらったアドバイスをもとに、もうちょっと真剣に取り組んでいれば、もしかしたら……なんていうことが頭をよぎったこともある。

高校生になったころは、社会人になったら、どんな仕事をしようとか、そういうことをいっぱい考えて、悩んだ。家が商売をやっていて、両親が忙しくて相談に乗ってもらえなかったので、自分で考えていたような記憶がある。そして、人と話したりするのが好きだったし、自分の家も、代々続く店をしていて、いろいろ客が来ていたので、サービス業がいいと思うようになった。デパートの店員さんとか、ものを売ることをやってみたいと思うようになっていった。

社会人になってからのいろいろな男性との出会い

高校卒業後、洋品店に就職した。そして、その店に出入りしていた銀行員から、好意をもたれたこともある。普通に真面目そうな人で、ドライブとかに行ってもあまり盛り上がらなくて、魅力を感じなかった。そのころから、そういう人には惹かれずに、なぜか、悪そうというか、影のある人に惹かれちゃう傾向があったみたい。

その洋品店で紳士服売り場担当だったころ、高校時代、すごいワルだったけれどもあこがれていた同級生が買い物に来て、再会した。閉店間際で、住んでいるところが近いということで、家まで送ってくれるという言葉を信用した。けれど、実際には、自分を遊び道具として車に乗せたらしい。実家に向かわず、河原に連れて行かれ、もう一台の車から出てきた同じ学校の先輩に取り囲まれ、暴力を振るわれそうになった。びっくりして、何かあったら自殺するし、親にも言うし、ただじゃすまないみたいなことを大声で叫んだところ、彼らもびっくりしてしまったようで、大事には至らずに済んだ。あこがれだった人だけに、すごいショックだったけれど、いくら同級生とはいえ、簡単に車に乗った自分の浅はかさも実感したいい経験だった。

男性の話ばかりで申し訳ないけれど、沢田研二のすごいファンだった。ああいう長髪で、甘いマスクの人にあこがれを抱いていた。そうしたところ、たまたま知り合った人が、とても似ていたので、惹かれていった。独身だと思って、お付き合いして妊娠したところ、実際には、妻子がいる人で、騙されていた。自分の男女の関係は、最初からそういう出会いだった。

洋品店を辞めて以降、実家を出て、水商売を転々とした。そしてあるとき、妊娠してしまったことに気づき、中絶手術をして職場に戻れず、フラフラになって実家に戻って数日居させてほしいと頼んだところ、弟夫婦がいるからと無下に断られてしまった。自分に非がないわけではない。けれど、そのとき、母をすごく冷たいと思った。そして、このあたりから歯車がちょっと狂い始めて、母親への嫌悪感が、その後、決定的なものになってしまった。

自分は、良いことについても、悪いことについても、とにかく負けず嫌いである。だから、水商売でも、ナンバーワンを目指した。そして、バブル全盛だったこともあって、本当に稼いだ。そして、そのころ、パチンコを始めた。水商売で稼いだ金で、好きなものを買うのではなく、すべてパチンコにつぎ込んだ。貯金するという発想などは一切なかった。

犯罪に手を染めたのは……

二十歳過ぎの一番大事な時期、間違って犯罪に手を染めた。地方でスナックをしていた親戚が、自分たちはやめて空き家になるので、よければ使わないかと誘われた。歌が好きだから、やると気軽に請け負った。

家賃は売り上げの一部をもらえればいいと言われた。しかし、待てど暮らせど、客は来なかった。これでは、退屈なだけで、いつまで経っても家賃を払えない。そのような状況下、犬を連れて散歩をしていたら、犬がたまたま勝手に店に入ってしまい、追いかけてその店に入ったところ、カウンターにバックがあったので、思わず盗った。そして、その店を出た後、バックを開けてみたら、現金が入っていた。誰かに教えてもらったわけじゃなくて、「あー、こういうの、できちゃった」みたいに思った。「こんな簡単に、お金って盗れるんだ」って思った。「スナックなんか、どうせ人が来なくてつまらないし、こういう方が簡単」と思った。その後、何度か繰り返してみるものの、不思議と見つからず終いだった。

とはいえ、あまり繰り返していてはまずい。当時、付き合っていた人と、「じゃあ、今度は違うところに行こう」っていうふうになって、観光地を中心に全国行脚するようになった。繰り返すうちに、だんだん知恵がついてきて、ここはこうしようとか、この方がいいとかと、工夫を重ね、スキルアップしていった。そして、その交際相手と一緒に逮捕され、受刑に至った。

結婚して、再び犯罪に走るまでの経緯

結婚したのは、二〇代後半と遅い方だった。自分の方が年上だったこと、当時、水商売をしていたことなどもあって、相手の両親に反対された。しかし、反対されると意地を張ってしまうところが、自分にはある。その相手が好きってていうわけでもなく、ものすごく頼りのない人で大丈夫かなって思ったけれど、あまりに反対されたので、意地から結婚した。

とはいうものの、人生最良の思い出は、長子を産んだこと。産んで、すごく感動した。若くして刑務所に入ってしまった人間なので、結婚など、まずできないと思っていた。それなのに、結婚して、子どもまで持てた。だから、過去は過去で、とにかく、この子を一生懸命に育てようと当時は決心していた。子どもが可愛くて、そのころは、本当にまともにやっていこうと考えていて、そのころが絶頂期であったと思っている。そして、実際、しばらくは、普通の暮らしをしていた。

しかし、ある日、自分に前科があることを夫に気づかれた。全国で泥棒をしていた女であるとバレてしまった。そして、そのことに対する夫の反応は普通ではなかった。夫は興味津々に旅巡りの話を尋ねてきて、ついには、どうやって置き引きをするのか、その気分を夫自身も味わってみたいという話に進展してしまった。そして、自分も「じゃあ、見せてあげようか」みたいに言ってしまい、実際、旅行に行って、そのやり方を披露した。もちろん、置き引きは成功したし、それを見て、夫も驚いてくれた。そして、盗ったお金を使い切るまで、旅先で遊んだ。「子どももいるのに、愚かだった」「自分はどうしようもない人間だ」とふり返る。

再度、受刑に至って

いろいろな行楽地に行って、ちょっと置き引きをすれば、それを元手にして楽しく遊べるということで、それ以

降、夫も行楽地巡りの虜になっていった。自分はもちろん、夫も正常でなかったので、抑えるものもない感じで、普通の人には考えられないような、えぇっと思われるようなことをやってきた。夫はいずれ親の店を継ぐことになっており、いまだ両親が健在。なので、家を空けることについても、なんら支障もなかった。

子どもが幼稚園、小学校と大きくなっていくにつれて、子どもの休みを利用して、行楽地に子どもも一緒に連れて行っては、置き引きで盗った金を元手にして遊んだ。小さいので、子どもにはわからないと思っていた。

このように、悪いことをする一方で、自分の子のことだから当たり前だけれども、子育てに力を出し惜しむこともなかった。子どもの学校で、役員も率先してやって、自分で言うのも変だけれども「いいお母さん」で通っていた。いい母親を装っていることに後ろめたさを感じなかったのかと筆者が尋ねると、「犯罪をしているときは、犯罪のことしか考えない。自分はもう（置き引きの）プロなので、絶対見つからないって暗示をかけてやっている」とし、「プロで見つからないから、子どもに迷惑がかかるとかは、考えていなかった」とする。

結局、長子が中学に上がったころ、子どもの前で逮捕された。これが人生で最悪だったこと。旅先に多くのパトカーがやってきて、刑事に連れていかれたが、子どもたちは何も知らないので、驚いて、特に下の子が、自分を乗せたパトカーを追いかけてきたシーンは、ずっと脳裏に焼きついている。子どもに、ものすごくつらい思いをさせてしまったと思っている。

子どもに最悪の場面を見せてしまい、子どもとの関係は終わったなって諦めたけれども、それと矛盾するようだけれども、当時、子どものことばっかりを考えていた。子どもがこれからどうなるのだろうと心配で、自分のことよりも、子どものことで頭がいっぱいであった。また、子どもの学校を通して、友達もたくさんできていたので、その人たちと無縁になってしまうことも、もちろん自分の責任ではあるのだけれども、すごく残念で、何とも言えない心境だった。

被害額も大きかったから、新聞にも載って、当然、子どもも手放すことになった。結婚して、子どもがいるにもかかわらず、犯罪をしたことが、人生最大の失敗である。子どもたちには、ごめんなさいでは済まされないような思いをさせた。このことは、子どもの人生に影響するだろうし、自分も大事な子どもを失った。子どもは母親を選べないわけで、本当にかわいそうなことをした。自分は子どもを産むべきではなかったと思っている。

夫への思い

夫と結婚したことが、こうした事態を導いたのであって、この結婚が人生の転機であったと思っている。先に触れたように、周りから反対されたので、意地になって結婚したけれども、そのときに、もうちょっと冷静に考えて、行動すれば良かったかなって後悔している。

自分には、男を見る目もないし、男運が本当にない。また、男の人に素直に甘えられず、なんでも自分がしてあげちゃう性格も、災いしている。夫にそそのかされて、やってあげようと思ったことが、再び犯罪に走る端緒になってしまった。当然、自分が悪いのだから、刑務所行きになったことは致し方ない。しかし、盗ったお金を一緒に使ったのに、夫は、執行猶予判決となって、元の生活を続けられたことには、落差が大きすぎると感じている。

刑務所を出て、しばらく経ったころ、夫が自分の居場所をつきとめ、もう一度やり直そうと訪れて来たことがある。しかし、自分としては、もちろん愛情もないし、やり直す気持ちもなかった。結局、夫は、その後、アルコール中毒になって亡くなってしまったと風の便りで聞いた。けれど、可哀想とか悲しいとかという気持ちは、全然起きなかった。自分の家に戻れたにもかかわらず、酒に溺れて更生できなかったのだから、申し訳ないけれど、自業自得としか思えない。

もちろん自分には根本的に、悪いことをする癖がついているので、一概には言えないけれど、この夫以外と結ばれていたら、もうちょっと違った人生があったのかなって考えることもある。また、本当にあまりにも簡単にお金が盗れちゃったので、世の中を甘く見すぎたかなと思う。

子どもを手放してからの生活

子どもとも夫とも縁が切れた状態で、刑務所を出所してからは、旅館で仲居の仕事をし始めた。若女将にいろんなことを教わって、自分も一生懸命仲居をやっているうちに、一人前になっていった。自分が担当したお客さんがリピーター客になったりしてくれて、「仲居冥利に尽きる」「あー、すごく自分に合った仕事だ」と感動した記憶がよみがえってくる。実際、退職を願い出ると、「もうちょっと、いて」っていつも引き留められた。

それほど楽しいのに、なぜ転職するかというと、ギャンブルが理由。普通の人は、ギャンブルをするにしても、自分の生活に合ったことをする。けれど、自分は仕事の休みの日にパチンコをすると、給料を一日で使っちゃったりする。「ギャンブルでお金を磨ってしまったので、前貸しして」などと女将に頼むなどという発想はまったくない。ギャンブルでなくなっちゃったら、「じゃあ、どっかから、資金を調達してこよう」みたいに考えて、仕事もやめてしまうという繰り返しだった。置き引きは楽に稼げる方法で、それで稼げば、心行くまでギャンブルを楽しめる。だから、女将から、やめないでと言われても、ギャンブルの方が良くなってしまう。つまり、生活の立て直しに失敗してしまう自分の一番の欠点は、ギャンブル好きだったことである。

ギャンブルの魅力は、ギャンブル仲間と騒いだりすることではなく、「当たった」「勝った」というその達成感にある。得た金で何か自分の欲しいものを買うとか、おいしいものを食べるとか、そういうのは全然なく、そのお金は、またギャンブルにつぎ込むだけ。ただその勝ったときの達成感が好きというだけで、やっている。

こうした自分について、ギャンブル依存症という病気だと言われたこともある。なるほど、今は病気になってしまっているかもしれない。けれど、病気だから、今のように困ってしまっているというよりは、むしろ、このようにひどくなるまで、自分が改善できなかったところが問題だったと思う。自分の金でギャンブルをしていれば、ギャンブルで失敗して自分が大変なことになってしまうので、ギャンブルも止まったかもしれない。でも、自分の場合、盗った金でギャンブルするので、なんら自分は痛まない。だから、慢性化していっちゃったのではないかと自己分析している。

　また、この達成感を、実は、置き引きにも求めている。置き引きが成功したときにも、ギャンブルで当てたときの高揚感みたいなのがあって、ある意味、ちょっと病みつきになっている。一回の置き引きで百万円のオーダーで盗れたこともある。普通、そのような金額なんて、銀行強盗でもしない限り難しいはずだけど、盗れてしまった。そして、その自分の実績のさらに上を行こうなどと目標を立てたりして、やっていた。

　置き引きについて、過信ではなく、自分は女の中で本当に一番だと思っている。ほかの人にはまねできない巧妙さをもっていて、「この道のプロよ」っていうプライドみたいなものもある。「絶対にやろう」って自分に呪文を唱えたり、「私は見つからないんだ」とか「プロだ」とかと思い続けて、盗れるまでやめない。だから、こうした感じを、もっと違う方に活かせば、いい人生があったのにって思ったりもしている。

　本当に更生しようという人は、一回で受刑生活を終わりにするのであって、繰り返し受刑していると、マンネリ化してしまう。刑務所に入ってうれしいかって言われたら、自由がなくていやだから、見つからないに越したことはない。けれど、見つかることをすごく恐れているわけでもない。「あー、また、見つかっちゃったかな」みたいなところがある。普通に仕事をしていたら、なかなか稼げないような金額を苦労せずに手に入れられて、好きに温泉に行ったりパチンコをしたりできる。盗られた人には申し訳ないけれど、人のお金で、普通の人はそうそうできない経験ができた。捕まれば刑務所に入って、それで終わり。実際、弁償しないままで終わってばかりである。

　子どもと離れた当初はすごく悩んだものの、今はもう子どもへの責任もなくなっているから、何をしても自由って感じている。自分がもともといい加減な人間だからだとも思うけれど、子どもへの思いというのも、やはり一緒に暮らしているから、すごく繋がりができる。三～四年も経つと、もう会いたいなって気持ちもなくなっちゃって、諦めの方が強くなった。「ちゃんと真面目にやれば、いつかは子どもだから、絶対わかってくれる」って言ってくれた人も周りにいる。けれど、自分は無理だって諦めてしまった。そこが普通の人と違っているのかもしれないけれど、自分には、もうそういう夢はない。もともと責任感がなかったのかもしれないけれど、「私、ひとりなんだわ」「もれば、子どももわかってくれたかもしれない。けれど、それはもう遅い。

う、自分のことさえ考えてればいい」っていうふうに思っている。情けない夫だった分、自分が普通に頑張ってや

数度目の刑務所を出た今思っていること

今までのいい加減な人生の積み重ねが、今日の自分に返ってきてると思う。もう若くなくて、これから老後というのに、この歳になっても、どうやって生きていけばいいかってわからないのが実際のところ。

もう絶対に刑務所には行かないなどとは、言い切れない。刑務所に行かないように、ずーっと我慢し続けて生活するのは、もしかすると難しいかもしれないと思ったりもする。ただし、自分の年齢を考えて、刑務所の中で死ぬ覚悟があるのか、「それも自分の人生」と割り切れるかというと、そうでもない。

これまで男運が悪かったわけだけれど、今回の受刑中は、別れずに待ってくれている男性がいた。その人とは、受刑の一年前くらいから交際し始めた。その人のところに帰って、地道に暮らして、今までの自分の考え方を変えて、自分もちょっとパートに行って、二人で力を合わせて普通にやっていけたら、それが一番普通の幸せなのかもしれない。そうなってほしいし、最後の伴侶としてやっていけたらいいかなっていう思いもある。

そのお相手は、離婚している仕事一筋の人。なので、この人についていけば、まあ間違いはない。こんな歳になってちょっと恥ずかしいけれど、その人のことが好きだから、もう裏切りたくない。入籍できればとも考えている。

ただ、その人と知り合って数カ月で逮捕されてしまったので、絆が十分にできているかは、定かでない。受刑中、自分は、今まで勝手にやってきて受刑に至っているのだから、「別にいい人がいれば、その人と一緒に幸せになればいい」「それで恨んだりしない」と伝えたけれど、先方は断ってこなかった。しかし、刑務所在所中であったことからの同情心からかなと思ったりもしている。正直、大丈夫かなって心配している。

また、その人と信頼し合えたらいいなあ、裏切りたくないなって思う一方で、ひどくまじめな人なので、どこま

で自分の中で、魅力的だなって思いつづけられるか自信がない。ただ、自分も、もう六〇を過ぎて、あと何年健康でいられるかわからない。ワクワクするようなことを抑える潮時ではないかと思っている。もう、そういうのを追い求めるのは終わりにしようと思おうとしている。でも、その人は、ものすごく質素で、節約志向。全国のいい温泉を巡って生活してきた自分が、果たして、しみったれた生活ができるか、一番の問題は、自分がその平凡な生活をやっていけるかどうかである。つまり、真面目な人に、自分がどこまでついていけるかが課題と思っている。

それに、自分の方が年上で、年齢が開いており、自分がちょっと病気になったときとかに、面倒を見てくれるかと不安でもある。どうしても自分のことばかりを考えてしまうのだけれど、愛情なんて、そんなにいつまでも続くものではない。我慢してつましい生活を送っているのに、いざ自分が病気になったとき、どれほどやってくれるかわからないなどと感じてしまったら、こんな人と生活するなんて馬鹿らしいって、思っちゃうかもしれない。

生活の収入源については、年齢が年齢なので、仕事も限られているだろうけれど、仲居の仕事で鍛えられたこともあって、割と人に合わせていける。人の好き嫌いは激しいけれど、それを抑えて振る舞える。さらに、思っていることを行動に移す力をもっている。やろうと思うと、躊躇せずに積極的に、自分でできそうなことに一つ一つ取り組む姿勢をもっている。できれば、「あなたがいないと困るわ」みたいな、存在になりたい。さらに、誰かが認めるとかでなくても、自分のためにも仕事を継続することが、刑務所に行かないことに通じるとわかっている。可能ならば、また仲居の仕事をやってみたい。とはいえ、こんな歳の人を新規に採用してもらえる可能性はそれほどないだろうし、そもそも人里離れた旅館で働きながら彼氏と一緒に暮らすのはむずかしそう。彼も賛成しないだろうと迷っている。

自身の人生評価や価値観について

自身の人生について一〇〇点満点だとしてどのくらいの点数かと筆者が尋ねたところ、八〇点くらいとのこと。

負けん気が強いとか、勝気とかと自称している彼女だが、「すごく負けたって思うことはあまりない」と語る。

人間としては良くないことだったかもしれないけれど、随分といろいろなことをこれまでしてこれた。それに思い返してみると、周りの人は自分に良くしてくれた。前科があると打ち明けたわけではないけれど、温泉で働かせてもらうこともできた。また、健康な身体でいられたことについては、親に感謝したい。刑務所生活においても、自分が高齢だからかもしれないけれど、わりと相談されたり意見を求められたりと、周りの人が立ててくれてきたと感じている。

最後に、人生において、何が大切かと筆者が尋ねたところ、「やっぱり人間に大切なのって信頼関係だと思う」との反応が返ってきた。「自分みたいに、窃盗で刑務所に何度も行っちゃうと、絶対にもう信用されるのは難しいけれど、人間社会が信頼関係でつながってるっていうのはわかる」「夫婦であっても、大切なのは信頼関係」とする。「あと、人生は、出会いというか縁だと思う。だから、その縁を大切にしようと考えている」とも付け加えている。

もうちょっと普通にやって、信用、信頼できる人になっていたらと思ったりもする。でも、それは他人の芝生が青く見えるがごとくで、自分にないものを求めているだけかもしれなくて、自分のような生き方を羨ましいととらえる人もいるにちがいない、と思ってもいる。だから、今後は、いい意味で、これまでのお互いの経験を分かち合える人たちと巡り合って生きていけたら最高かなと思う、と締めくくっていた。

コメント

男児でなかったことから、家族にあまり歓迎されずに育ってきたとの自己イメージを有している。子どものころ、家族が喧嘩にならないように気を配っていたなど、それなりに対人関係に配慮した様子が語られているが、その一方で、兄弟との間でも友人との間でも協調的に振る舞うことは少なく、仲間はずれにされたエピソードも語っている。自身が、しっかりと他者から受け入れられたという実感をもてずにきたのかもしれない。

異性との関係の中で、怖い思いをしたこと、誤って妊娠してしまったことなど、失敗を重ねている。しかし、その苦い経験をふまえて、慎重に振る舞うよう行動様式が変わっていったことは見てとれない。水商売でナンバーワンになること、置き引きのスキルアップを試みること、夫と結婚にこぎつけることなど、ある目標を立てて、それに邁進することは得意なようである。ただし、リスクを回避しようと、地道な努力を積み重ね、慎重にことを運ぶということには、重きを置いていないように映る。

結婚に至る経緯はともあれ、子どもへの思いはあったことがうかがえる。子育てを始めたころは、普通に生活していこうと決心した旨を語っている。しかし、間もなく、夫にそそのかされて、再び置き引きが始まっている。幸せな子育てをしようとした一方で、夫を喜ばそうと思ってしたと位置づけたいのであろう。そこには、自身の、面倒見の良さが影響していると分析している。実際には、行楽地で、彼女自身も楽しんでいるが、自身が置き引きで稼ぐことで、家族と楽しいときが過ごせると解釈していたのであろう。ふり返って考えてみると、最初に受刑に至った全国行脚にも、連れがいる。彼女の若いころまでの語りには、人と体験を共有してこなかったことがうかがえる。だとすると、置き引きを収入源として一緒に楽しむということは、彼女にとって、誰かとときを共にする手立てだったととらえることもできよう。

自らの置き引きについて、プロだからバレないと思うにとどまり、そこには、自身の行為に対する罪悪感はうかがえない。「いい母親」を装っているとの後ろめたさや葛藤を抱いていた様子も語られていない。捕えられて、子どもを驚かしてしまったり、新聞に大々的に載ってしまい、つらい思いをさせてしまったりしたとの語りからは、置き引き自体よりも、むしろ、それが発覚したことに関する後悔に、重きが置かれているような印象を受ける。

受刑を機に、子どもを手放すに至っているが、子どもたちと一緒の生活を続けたかったという思いの強さは伝わってくる。ただし、そうした気持ちはときと共に薄れたとし、もはや現在の彼女にとっての関心事ではなくなってしまっている。子どもたちはそれぞれ成人して、まっとうな生活を送っている様子であるが、それに安堵しているなどの発言もない。

一方、彼女としては夫に喜んでもらうつもりで置き引きをしていたにもかかわらず、共犯である夫は受刑を免れ、全面的にその責任を自分が負わされ、子どもとも離れ離れにされたとの被害的な気持ちを処理できずにいる。初回の受刑時、全国行脚した連れは自分と同じく受刑に至っているのに、家族という互いに支え合うべき存在である夫は、元の生活のままでいられて、自分ひとりが損をしたととらえているのであろう。

単身生活に戻って以降の彼女の語りからは、ギャンブルなり置き引きなりに走る過程が、よく説明されている。「盗れた」「勝った」という興奮を追い求めるために、ひたすら繰り返している。しかも、そうした行為を繰り返す自分に、困り感を表明せず、むしろ、「まじめに働く以上に、楽に稼げる」と言語化している。

そして、すでに子どもなど失うものもないし、刑務所生活も慣れてしまったと説明している。今となっては、パチンコをして金に困れば置き引きで資金調達して暮らすという生活パターンが身についてしまっている。実際、彼女にとって、置き引きすることは、楽に稼げる生活の手立てになってしまっており、それを元手に、刹那的な享楽にうつつを抜かすことができる現実を熟知している。ちょっとしたことで、こうした思考が喚起され、行動化に至るのが正直なところであって、実際、そのようにとらえて、今日に至ったと思われる。

「日本女性の中で置き引きでは一番」と自らを位置づけ、自身の人生を八〇点と高く評価し、自分のような人生を羨ましく思う人がいると言語化することに、正直、筆者は、戸惑いを覚えた。ただし、彼女自身、それにまったく疑問を呈していないわけではなさそうである。垣間見られる程度の語りではあるものの、「この歳になっても、自分がどうやって生きていけばいいのか迷っている」としている。実際、EPSIの結果では、犯罪者群の中でも同一性の尺度得点が低く、自分という存在を明確に理解して、人生をどのように生きたいかについて、しっかりわかっている感覚に乏しいことが示唆されている。つまり、負けず嫌いの彼女なので、強がって犯罪のプロと言い放つ一方で、自分らしさを見出させていない、あるいは迷いがあるということなのである。

さらに、興味深いことに、人が生きていくにあたって大切なのは、信頼であると、彼女自らが触れている。置き引きという人を騙す行為を繰り返し、それを子どもに気づかれなければ問題ないととらえ、職場で良くしてもらっていてもギャンブルにうつつを抜かしてはあっさりとやめてしまい、人から信頼されるということに無頓着な振舞いをしているものの、「信頼」という概念が、彼女の中にすっぽりと抜け落ちているわけではないのである。夫に裏切られたと解釈し、子どもとも縁が切れてしまっているが、現在の交際相手への思いの語りからは、冒険かもしれないものの、「信頼」し合える関係を作ってみたいという思いをどこかに秘めていると解釈するのは、いかがであろう。

理性的に考えれば、現在の夫と歩調を合わせた生活を送るのが順当だとわかっていよう。しかし、刹那的な欲求に身を任せてしまいそうというのが、自身の性癖を踏まえた本音の語りなのであろう。就労の場が与えられれば、それなりの働きをすることはできるであろうが、それが犯罪の抑止力になるわけではない。就労をやめるきっかけに繰り返しなってきたギャンブルをやめたいという言葉も出てこない。むしろ、質素な生活というのは、我慢でしかないと感じている。

今の自分のままでいいと確信しているわけではないので、そこを揺さぶり、人生の終盤が軌道修正したものとなるよう働きかけるのが適当なのであろう。しかし、刹那的な行動選択をする際、おそらく彼女は、その行動以外のことを考えないことに慣れっ子になってしまっている。

置き引きで問題解決をしていくという行動パターンから彼女を遠のかせていく働きかけをどれほど心理臨床はできるであろうか。そもそも、刑事処分の範囲内で相談するよう指導されるなどの制約がなくなって以降も、彼女が自発的に心理相談に通い助力を求め続ける可能性はどの程度あるのか。長年犯罪に手を染めてきている人の立直りの支援の難しさを考えさせられるケースと言えよう。

第13章

暇があるとギャンブルをしてしまう女性

精神疾患で十分な子育てができない娘の子を、祖母である自分が代わりに育てたと自負する六〇代後半の女性。しかし、孫育ての合間に、パチンコにのめり込むようになり、そのパチンコ代を求めて置き引きを繰り返すようになってしまっている。

繰り返し行っている置き引きについて

スーパーのショッピングカートにひっかけてあるバックを盗ることを繰り返している。「よし、取りに行こう」という感じで、電車やバスに乗って住まいから離れたところに置き引きをしにいく。足がつかないよう、地元ではやらない。また、指紋を残さないように手袋をして行っている。単に盗れそうかどうかで標的を定めており、結果として、被害者は年配の人が多い。

動機は、パチスロ代を稼ぐため。パチンコは、孫が生まれたころ、娘に誘われて始めた。そして、次第にひとりでも行くようになっていった。

パチスロで、お金が稼げないのはわかっている。しかし、パチスロに没頭しているときは、無心になれて良い。いらいらしていても、パチスロをしているときはそれを忘れられるし、自分ひとりの世界に入れるから好きである。人と接触するのが嫌いなこともあって、パチスロに代わる趣味は見つけられずにいる。

可愛がられた記憶

五人兄弟の末っ子で、大切に育てられた。姉が生まれたあとずっと男、男、男、と続いて、久しぶりの女の子だったので、一番というくらい可愛がってもらった。

父親が健在だったとき、よく膝の上に抱っこされたことを覚えている。四～五歳まではあったけれども、大事にしてもらったなっていう記憶がある。家族だけでなく、近所の人にも可愛がってもらっていた。近所のおじさんに肩車されたことなども、よく覚えている。

しかし、就学前に父親が亡くなった。これが子ども時代の否定的な記憶である。仕事中の事故だったということで、朝、「行ってきます」と言って、帰りは亡くなって帰ってきたわけで、看病とかもしていない。それもあって、状況が呑み込めなかった。

お通夜のとき、「今日、すごい人がいるんだね」って、はしゃいだ自分を覚えている。そして、「お前、何やってるの」って、注意された記憶がある。田舎の方だから、ごちそうもいっぱい出るわけで、いったい今日は、なにがあったんだろう、みたいにとらえていた。幼かったし、説明されなかったのかもしれない。棺桶をみた覚えはない。

貧しかった小・中学時代

母親の実家が、小学校の目の前でお菓子屋さん兼文房具屋さんをやっていた。父親が亡くなって以降、自分たちはその裏に住んだ。母親の実家から、苦しいながらも援助があって、どうにか生活が成り立っていたのではないかと思う。

しかし、祖父母も亡くなってしまった。そこで、長兄が高校を中退して、家族が生活していくために、父親に代わって田舎で働き出した。けれど、勤め先は炭鉱で、落盤事故が多い。結局、長兄は怖くなってその会社を辞めて、今でいう出稼ぎという感じで、上京した。母親に仕送りして、自分と母親の面倒をみるのは、長兄にとって大変だったであろうと思っている。

そうこうしているうちに、生活保護を勧められ、中学になってからは生活保護を受けながら生活した。母親が私に言ってきたわけじゃないけれども、やっぱり母子家庭なので、すごく貧乏なんだってわかっていたから、わがままを言った記憶はない。友だちに生活保護だと悟られないよう、気を配りながらも、家族にあれを買ってほしいとか、これを買ってほしいとかとねだったりはしなかった。

当時、一間くらいの本当に狭い住まいで、兄二人と一緒に家族四人で暮らしていた。けれども、仲良く生活できていて、そのような生活を嫌だと思った記憶はない。

その後、次兄が高校を卒業して、それに引き続いて三兄も中学を卒業して、それぞれ実家を離れて生活するようになって、最後は、母親と二人の生活になって、寂しくなった。自分なりにできることは、協力した。生活は楽でなくて、水道もない家だったので、外の水道から水を汲んで部屋の中の大きな瓶に入れるような生活を送っていたけれど、それほど苦とは思わなかった。母親は小柄で、必ずしも健康でなかったので、ずいぶん手伝った記憶がある。

そうした中ではあったものの、目をかけてもらって育ったと思っている。自分は、母親が随分と歳がいってできた子どもだったので、父母会に来られると、ちょっと恥ずかしいと感じた。けれど、夜中、歯が痛くなったときなど、歯医者さんまでおんぶして行ってくれたなどの記憶もある。母親の印象は優しい人で、好きだった。兄弟喧嘩では、お兄ちゃんに逆らってはだめと言って、必ず自分が怒られていたけれど、それ以外で、怒られることはなかった。商売をしている姉の家に母親と一緒に行っては、お菓子、ソーセージ、卵なんかを帰り際にもっていかされたことも記憶している。

上京に至る経緯

ずっと生活していた田舎の中学を卒業して以降、実家から少し離れたところで住み込み就職した。母親は勤め先まで見送りにきて、宜しくお願いしますって言ってくれたけれど、やっぱり涙ぐんでいた。その住み込み先では、お盆とか正月には田舎に帰してくれた。遠いし給料的にも、月に一度帰るのは、無理だった。中学卒業していきなり、ぽんと出されて、離れ離れになっちゃったわけだから、すごく心細いと思った記憶がある。とはいえ、自分の田舎はちっちゃな町で、中卒で使ってくれる仕事などなかったので、仕方がなかった。

そこの仕事は厳しすぎたので、一～二年でやめて、実家近くの衣料品店に勤めることにした。ただし、実家に戻ると生活保護が打ち切られるから、隣町に住む姉宅に居候しながら働いた。けれど、その衣料品店が倒産してしまった。そこで、すでに上京していた長兄を頼って、上京した。上京するとき、母親からは、「なんでお前、行くの、二年だけだよ」と言われた。

上京しなければ、ずっと母の近くで生活して、地道に田舎で結婚していたであろう。繁華街での楽しい生活を覚えることもなく、受刑生活に至るようなことにもならなかったであろう。上京したことが、自身の人生の転機であって、一八〇度違った人生になったと思っている。

上京してからは、すぐに住み込みで働いた。一年半くらい、そこで働いたけれど、男子も女子も住み込みの人が多くて、寮生活が楽しかった。しかし、そこを辞めてからは、お決まりのコース。喫茶店などではなく、水商売をやっちゃった。そして、そこで夫と知り合った。

水商売で働いていたとき、母親から一通の手紙がきたことがある。母親は学校を出ておらず、やっとひらがなを書ける程度で、どうにか書いたと思われる手紙が届いた。病院に行く途中でお金を落としたから、申し訳ないけれども送金してほしいという内容だった。それまで、そのような頼みごとをしてくることはなかったから、よっぽど困っているのだろうと思った。電話も隣の家の呼び出しだったので、易々と使うわけにはいかないので、急いで現金書留で送った。病院から自分の家まで一時間くらいかけて歩いて帰ったのだろう、お金に困っていると姉に言いづらくて、もしかして自分のお金が届くまでの間、飲まず食わずだったのかな、と案じた。

母親は生活保護を受けていたので、娘から支援してもらってるのがばれると、支援が打ち切りになる。だから、おおっぴらにはできないけれど、自分は年に何回も帰れないしということで、その後、母親の好きそうな銘柄のたばこ、お菓子、梅干しとかを見繕って、送ってあげたりしていた。

結婚生活をスタートさせて

結婚した当時は楽しかった。夫と二人で子育てをしながら、どこに行くにも三人で、その辺で生活している若い人と同じで、それは楽しかった。当時は、別に犯罪の道にも走っていなかったし、ごく普通の市民であって、娘に悪影響を与えることもまったくなかった。

娘を産んで半年後くらいに、娘の顔を見せに帰って、東京に戻ろうとしたところ、母親に「帰るな、帰るな」って泣かれたことを鮮明に記憶している。結婚する前に娘を産んだことを不憫に思ったのかもしれない。

大人になってからはっきり覚えていることは、母親が亡くなったこと。娘が一歳半になるちょっと前に、母親が入院したという連絡があって、急遽、夫と三人で、田舎に帰って、夫は仕事があるからということで戻ったものの、自分と娘は一カ月弱くらい留まった。姉が、付きっきりで看病していたので、休ましてあげなきゃと思って、姉に娘を預けて、「じゃあ、今日は私が泊って看病するわ」みたいな感じで、自分も一週間くらい病院に寝泊りした。あまり長居はできないからと東京に戻ったところ、その翌月に亡くなってしまった。

葬式のとき、棺桶のそばに行って顔を見るのが怖くて、「私、見られない」ってわーわー言ったところ、「最期の最期まで、ひとり暮らしで寂しい思いをしていたのだろうから、最期くらい顔を見てあげなさい」と言われたのを覚えている。姉たちが、「うちへくればいいじゃない」などと母親に同居を持ちかけたこともあるらしい。けれど、子どもたちが故郷に戻ろうとしたとき戻る家がないと……と思って、生活保護を受けてでも、ひとりで頑張って生活していたようである。実際、母親は、周りがあれこれ言っても「わかった、わかった」で終わってしまう人で、自分のことをあまり語る人ではなかった。

子育ては、自分にとって大きな挑戦だった。独身で仕事しているときは、簡単な仕事だったこともあるだろうけれど、言われるままにしていた感じで、特別トライするとか、そんな大げさなことはしなかった。仕事を覚えて、その寮生と一緒に仲良く過ごして、水商売するようになってからも、自分の部屋にはひとりでいるけれど、仕事中は仲のいい子と一緒に行動する感じだった。それに引き換え、子育ては、誰も教えてくれる人がいなくて、自分で全部やった感じだった。せいぜい一カ月検診、二カ月検診などに行って、教わったくらいである。毎日、教科書を見ながら、すりきり、きれいにミルクを入れて……なんてことを必死に自分ひとりでやった。今、子殺しなんてのがあるけれども、ああいうことはしちゃいけない。自分のおなかを痛めてね、とんでもない。事情があるのかもしれないけど、もったいない。私、ひとりしか産んでないけど、育てられて良かったと、今、思っている。手がかかるときもあったけれど、少なくとも高校二年までの子育ては、無事にうまくできた。

ただ、自分が馬鹿で、娘の育て方について過保護にしちゃった。「いい、ママがやるから」って、なんでも手を出しちゃっていた。そうしていなければ、もうちょっと、娘はしっかりしていたかもしれない。「友だちと○○に行くのね、二千円ね、行ってらっしゃい」みたいに、なんかあればすぐ、お金を出してあげていた。贅沢させるつもりはなかったけれども、今月ちょっと苦しいからだめとかと言って、我慢させることをせずに育てちゃった。

思春期の娘に振り回された

娘に高校を中退されて以降、とてもお金がかかった。娘は頭が良くなくて都立の進学は無理だったから、私立に行くしかないだろうと思って、自分は娘が中二のころから、高校に入れられるように働き始めた。でも、高二で中退されてしまった。娘はその後、コンビニでバイト、どこかの事務所でバイトなどとあれこれ行ったけれども、どこも続かず、やめることを繰り返した。そのうちに、このような狭い家で、主人との三人の生活はいやだ、ひとりの生活がしたいと言い出した。とはいえ、アパートを借りるお金はない。そこで、住み込みでホテルのフロントで働きたいと言い出した。

しかし、住み込みとは言っても、実際には、「寮で貸与される布団は汚いので購入したい」「家具が買いたい」などと送金を迫られた。さらに、仲居さんから、「東京から、なんでわざわざこんなところに来るわけ」って感じでいじめられたとして、数カ月で戻ってきてしまった。その何カ月後かに、また、違うホテルに行った。しかし、そこでも、「こんなところに、なんであなたみたいな若い子が来るの」と、同じようないじめにあったらしい。そして、今度は一カ月も経たない間に助けを求めてきた。夜逃げ同然で出てしまったので、最寄りの駅まで迎えに来てほしいなどと言ってきた。あのころは本当に手がかかった。

あっちに行っていじめられ、こっちに行っていじめられ、それでもう懲りたのか、それとも、「今後は何があっても、助けにいかない」と娘に宣言し、さらに、自分が体調を崩したこともあったからか、それ以降、娘は実家にとどまり、小遣い稼ぎ程度のバイトをするようになっていった。

こうしたことも、今となっては、いい思い出。

楽しくできた孫育て

人生における最もいい体験は、娘に代わって、孫を育てたこと。娘は未婚のまま子どもを産んで、出産後、うつになって、娘ひとりでは子育てができなかった。だから、しばらくの間、娘に代わって孫を育てながら娘の症状にも付き合った。

自分が娘を育てたときには、連れがいた。一時期、自分が勤めに出たこともあったけれど、そのときは、夫が代わりに娘の面倒を見てくれた。しかし、娘の場合、そうした相手がいない。だから代わりに私がしてあげなきゃ、と思った。

その孫を育てられたことは、大変ではあったものの、楽しかった。娘の代わりにやってあげなきゃって気持ちもあったけれど、孫を育てること自体、良い経験だった。孫を育てていて、嫌だなって思ったことはない。娘が産んでくれたからできたことで、孫を育てることで、充実した生活が送れた。

娘が、引きこもっちゃった状態のこともあったけれど、自分までもがうつになることはなく健康でちゃんとできたことはつくづくよかったと思っている。孫と娘の二人だけだったら、孫はたぶんどっかの施設行きになってしまったにちがいない。自分が元気で、孫に寂しい思いをさせずに済んだことは、本当にありがたかったと思っている。

今の自分の歳で孫を育てるのは、まず無理。けれど、当時はまだ、五〇歳。何をするにしても若かった。体力的に、孫の送り迎えから、娘の部屋の掃除、洗濯から買い物、ご飯の支度から後片付け、すべてできて、娘に協力して孫を育てることができた。そうした年齢で孫を授けてくれたことには、自分以外の力が宿った感じがしている。

娘は、うつ状態だから、自分に対して感謝の気持ちとかまったくなくて、かえって、うっとうしいととらえていたかもしれない。たとえそうであったとしても、自分的には楽しかった。悪天候の中、保育園の送り迎えをするのは時間もかかって大変だったけれど、孫が少しずつしゃべれるようになっていって、「ばあば、ばあば」って言われると、やっぱりうれしかった。当時は大変だったと思うけれども、大変なことは忘れるから、いい思い出しか残っていない。

もし、いくつに戻りたいって聞かれたら、五〇歳に戻りたいって、絶対に言う。これまでの人生で、孫を育てられた時代が一番楽しかったから、その年代に戻りたいと思っている。

親子喧嘩になってしまって、娘が食事の準備も放ったらかしにして、仲良しのところに逃げちゃったりすることがしばしばあった。そのような困ったとき、面白くないとき、自分という逃げ場を孫に作ってあげられたのも良かったと思っている。

孫は大きくなってからも、婆っ子のままだった。男の子なのに「まあ、よくもこんなに年がら年中、年寄りのところに遊びに来るわ」と感心していた。中三の冬まで、うちに寝泊まりして部活に行くことも多く、お腹を減らして帰ってくる孫に、朝昼晩の食事を作ってやったり洗濯してやったりしていた。母親と一緒だと、マザコンと見られるとして、母親と一緒に歩くのは嫌がるけれど、自分とは一緒に出かけてくれた。友だちに会っても、歳がいっている自分ならば、「うちの婆ちゃんだから」って紹介できるらしい。

孫は、非行に走ることもなく、しっかりした子に育って良かった。今回の自分の件で、とんでもない道に入らないことを祈っているけれど、おそらくそういう子じゃないから大丈夫と信じている。娘ほどには甘やかして育てておらず、小遣いも、母親からもらっているから、自分はそれを補てんする程度にとどめている。

ギャンブルをやめられずに繰り返してしまう受刑

孫育てをするようになって以降、パチンコにはまっていった。孫の面倒を見ることから解放されて、ちょっと息抜きをしようというとき、また、娘といさかいがあってもはっきり言えず、我慢してしまう分、もやもや感が残り、そのうっぷん晴らしをしようとするとき、パチンコをするようになっていった。ただし、パチンコに興じている最中でも、「今すぐ、孫の面倒を見てほしい」と助っ人の連絡が入れば、すぐにやめて、馳せ参じていた。

この他、家にひとりでいて退屈なときも、「ゆっくり遊んじゃおう」といった感じでパチンコ遊びをする。勝った際の高揚感を求めてやっている。

生活保護を受けており、住居代、光熱水費を支払うと、手元に五万円弱しか残らないのに、パチンコに使ってしまう。有り金が少なくなると、どうせこれっぽっちしかないからと思って、パチスロをしてしまう。そして、有り金をすべて使ってしまって、娘に金を借りることになっても、まだパチンコをする。今も、娘への借金が一〇万円くらいある。

前回、刑務所から出てしばらくは、娘と同居した。その際も、少しは隠れてスロットをしていた。だけど、再び本格的にやるようになったのは、その後、ひとり暮らしをするようになってからである。暇を作らない方がいいのは知っているし、仕事をすることは嫌いでなく、刑務所内では、無心になって刑務作業ができた。でも、歳も歳だし、なかなか仕事もなく、暇を持て余してしまう。一方、人づきあいは好きでない。だから、ギャンブル依存者のための自助グループを勧められたりしているものの、そういうところに参加する気はなかなか起きない。

ギャンブルをするための資金稼ぎのために置き引きをしては捕まり、受刑生活を繰り返しているが、この受刑生活を人生で最悪の経験と思っている。しなくてよい経験なのに、今回で三度目。刑務所を出入するようになったここ一〇年あまりを、もったいないなと自分でも思っている。

受刑生活期間中は、孫にも娘にも会えない。「一日も早く帰ってきて」っていう手紙を娘からもらって、「ああ、孫を育てるのに、ひとりで大変な思いしてるんだな」「自分の手を借りたいと思っているんだな」と思いながら、刑務所生活を送っていた。刑務所に入ってしまうと、娘たちの役に立つことができない。もうやっちゃったことだから、どうしようもないと思いながらも、申し訳ない気持ちになる。

ところで、これまでは、刑務所出所にあたって、「ばあばが、可哀想だから」と娘が身元引受人になってくれていた。だけど、またやっちゃって、「三度目の正直」にもなれなかったので、今回、娘はかんかんに怒ってしまった。年金手続きなどの事務的なことはしてくれているものの、会ってくれないし、引受人も拒否されたし、手紙もくれないことが続いた。

また、これまでは、孫に受刑のことを言っていなかった。最初の受刑のときは、孫が二～三歳のころで、次は小学校五～六年だったけれど、自分の兄弟の看病で実家に行っていると、ごまかしてくれていた。しかし、今回は、孫に「全部、言っちゃった」って聞いている。ここまで来ちゃったのだから、隠しようがない。黙っていてくれれば良かったのにとは思わない。そう思うのは、贅沢というもの。でも、それを知った孫は、ショックを受けてるかもしれないし、「ばあばって、そういう人だったんだ」って思っているかもしれない。なんとも言えない気持ちである。これまでは自分のところにさんざん来てくれていたけれど、これで、一線が引かれるかもしれない。「もう、ばあば、いらない」って言ってくるかもしれないし、電話くらいには出てくれるかもしれないけど、「なんか用？」って言われてしまうかもしれない。

「ここさえ変わっていたら、犯罪に至らなかったなとかって、何かある？」との筆者の問いかけに対して、「そうすると、たぶん、人のせいにするような言葉しか出てこないから、言ってもしょうがない」と答える。孫を育てるのが終わって、ふっと力が抜けたのでやってしまったと思ったこともあるけれど、それも逃げ口上。そう言ったところで、しょうがない。「もっとほかの面に目を向ければよかったんじゃない？」って言われれば、そういうことだし、ともかく現実は、パチンコをしたくなっちゃって、こっちに来ちゃったってわけ。

これから

何か信念なるものをもって、生きているとかいうのはなかった。孫だっているのだし、そんなものをもっていたら、ここ一〇年あまりのようなもったいない生活は送っていない。正直なところ、今後のことなんて、あまり考えていない。

膝の調子が悪いのが心配だけれども、受け取れる年金は少ないだろうし、今の体力が維持できれば、仕事に就かなければと思っている。働くのは十数年ぶりのことで、なかなか年齢的にも難しいにちがいない。けれど、働くっていう意欲を見せなきゃいけない、ひとり暮らしをするためのお金を貯めなくちゃいけない、と考えている。

社会でうまく生活していくには、期日を守らなきゃいけないし、仕事先のルールとかにも従わなきゃいけないし、教えてもらうことに、反発心なんかをもつことなく素直に教わっていかなきゃいけない。人見知りなところがあり、もうちょっと人懐こくなれればとも思う。けれど、これはもう何十年も付き合っている自分の性格。だから、今までどおりに生きていくことになると思っている。

一方、人に対する優しさとかいたわりも必要。これには、少なからず自信がある。人をいじめたり意地悪したりとかは、絶対しない。人がなんかで困っていたら、ちょっと手を貸すくらいのことはやっていこうと思っている。そういうことは大事。まあ、自分は、人に頼ろうとはあんまり思っておらず、おんぶに抱っこなんてことは考えていない。けれど、親切にすることを心がけていけば、人も優しくしてくれるんじゃないかくらいの気持ちで、これからやっていこうかなと思っている。

若くして上京して、実家とは遠距離なので、兄弟などとの接触は、ほとんどない。姉の子どもの結婚式などにも、お祝い金を送る程度のつきあいになっている。だから、この先、頼ることもないと思っている。

今回、娘が、自分に距離を置いた対応をしていることについては、精神症状が安定せず、長らく生活保護で生活している娘が、主治医と相談して決めた結果のはず。娘とは、喧嘩しながらも、しょっちゅう買い物に付き合ったりなど、仲の良い親子で、自分にできることは手伝ってあげた。けれど、もういいや、と思っている。最近になって、伝えたいことがあるから連絡がほしいとの手紙が娘からきた。だけど、自分がもう少ししっかりするまでは、娘のため、孫のためにも、接触しない方が良いのではと思ったりしている。また、やっちゃったなんてことになったら困る。だから、たとえ孫が来たがったとしても、「遊びにおいで」「泊まりにおいで」なんて言うのは、やめるつもり。向こうに不安な気持ちを与えたくないから、距離を置こうと思っている。そして、一～二年、いや、どのくらい時間がかかるかわからないけれど、孫たちに、また接触できるようになることを目標にするのが良いのではないかと思っている。

しかし、正直なところ、もうやっちゃうと、はまっちゃって、ブレーキがきかない自分がいる。同じような失敗をしないよう、心がけるつもりではあるけれど、そうできるならば、こんなことを繰り返していないはず、とも思ってしまう。執行猶予がついていて、今度やったら刑務所ってわかっていながらも、やって受刑してしまったし、やっと刑務所から出てきたのに、またやってしまった。だから、本当に立ち直れるか自信がない。受刑で刑務所仲間が増えたわけでもないし、悪い友達がいるわけでもない。やめると口で言うのは簡単。でも、自信がない。

コメント

金銭的に貧しい家庭に生育している。しかし、可愛がられた記憶はある。だから、ひん曲がった根性はもち合わせていない。実家を離れるようになって以降の母親に関するエピソードからは、生活苦にあえぎながらも、頑張って生きた母親に思慕の情を寄せていることがうかがえる。

生活のために、彼女は、年若くして働き始めているが、その中で、何かをしたいと主体的に選択することはなく、その自我関与度もさほどではなかったように映る。水商売をする際も、「お定まりの」と説明するにとどまって、抵抗感を有していた様子は見て取れない。特段大きな問題を感じることなく、周りの人たちと一緒に、それなりに楽しいときを過ごしていたようである。

一方、子育てについては、とにかく、自身が動かないと始まらないということで、一生懸命取り組んだと認識している。高校中退後の娘の生活は荒れているが、それまではうまく育てられたととらえている。自身が貧しい環境の中で育っており、金銭面で娘を困らせまいとの気持ちが働いたのか、「甘やかした」とは言うものの、「問題なかった」と言い切っている。

娘に代わって孫育てができたことに、充実感を抱いている。母親として孫をしっかり育てていないことについて、娘を責めるような言動は一切語られていない。娘とのいさかいのストレスを発散するためにギャンブルをしたと言及するに留めている。いさかいをすることはあるけれど、買い物を一緒にするなど、仲良しであるとも表現している。そして、まだ自分が若いころに孫を産んでくれたので、孫育てができたと感謝の念を口にしている。しかし、その一方で、娘から感謝されたとのエピソードは語られていない。

ところで、彼女の人生物語の中で、夫については、子育てのエピソードのところ以外では登場していないが、彼女は、どのようにとらえているのであろうか。今回行ったインタビュー以外の場で語られたことによると、実は、夫とは二〇年間連れ添ったが、ある日突然、出奔してしまったと言う。転職せずに長年仕事をしていたこともあって、一緒に生活していた当時、彼女は気づかなかったらしいが、パチンコ、競馬に興じていたらしい。そして、借金を重ね、ついに職場に借金の取り立てが来るようになって、離職・出奔に至ったらしいと説明している。また、出奔後気づいたことだが、娘へのお祝い金をくすねたりもしていて、結構、嘘をつかれていた、とする。そして、この夫が姿を消してから二〇年あまり経過しているが、その間、特段探すことなく、籍もそのままにしている。これらを彼女は淡々と語っている。

彼女が受刑に至った原因も、ギャンブルにある。彼女自身、この夫のギャンブルと自身のギャンブルとの関連については、なんら言及していない。しかし、たまたま同じ問題に陥ったとみなすにとどめるので良いのだろうか。周りの人に感謝の念を示せる人で、上述のとおり、自身も「人に優しい」としている。しかし、置き引きの被害者に対しては、思いを馳せる様子はうかがえない。自身のごく近く以外のことまでには想像が及ばないということなのか、それとも、都合の悪いことは考えないようにすることが習慣化されているのか。孫にも、窃盗をする自分だと知られていない時分では、後ろめたさなどが表現されていない。

犯罪をしても良いと開き直っているわけではなく、自身を持て余している様子がうかがえる。このようになった現実について、誰かに責任をなすりつけようなどとはしておらず、この現実を、自身が引き受けなければいけないと認識している。しかし、今後、何かをしたいという強い目標などを持ち合わせているわけでもない。胸を張って娘や孫に会えるようにしたいとの目標を掲げてはいるが、それが彼女の頑張りをきかせる原動力になるかどうかというと、正直、その自信がないとの心情を吐露している。

望めるならば、彼女の周りに、彼女の立ち直りを心的に支える人がほしい。しかし、娘は精神疾患にかかっていて、そのような余力はない。それどころか、彼女の問題が、娘の精神症状に一層の負荷をかけることになっている。孫とて、母親と祖母の双方を精神的に支えていくことは困難であろう。しかし、それ以外の強力な支援者が、彼女の周りには見当たらない。

そして、実際、彼女はこの語りのあと、再犯に走ってしまった。

第14章

夫の認知症の進行を恐れて殺めた女性

夫の認知症が進んでいくことを恐れ、気づくと夫を殺めてしまっていたとする七〇歳代の女性。自首して逮捕に至っているが、その後、適応障害と診断され、精神病院に半年入院し、判決でも心神耗弱と認定され、減刑されている。夫が認知症になるまでは、幸せな生活を送れていたとする彼女が、事件発生から六年半経って、刑務所から出てきた時点で語る物語とは……

夫との結婚に至るまで

失恋したお相手は、お友達と遊びに行って、偶然知り合った人だった。自分の一番の適齢期に交際した人で、見るからに真面目そうな大学生で、一カ月に一回くらいは会うようになって、次第に恋愛関係になって、二年半くらい付き合った。しかし、振られてしまって、気持ちがすごく落ち込んでしまった。当時、自分が住んでいた地域では、大阪万博の話題一色といった感じで盛り上がっており、お付き合いしていたころは、大阪万博に一緒に行くことをすごく楽しみにしていた。だから、失恋してからは、大阪万博などなければいいのに、などと思った。夫を殺めてしまった今回のことを除けば、この失恋が、人生で最悪なことであったと思っている。

自分では、なんで別れるようなことになってしまったのか、わからなかった。両親はすごく心配してくれた。母が、優しく肩に手を置いてくれたことは忘れられない。また、父も、母に私のことを「大丈夫か、よく見ておくように」と言っていたらしい。その当時、相当数の従業員を雇っていた父の商売が、実は大変な状況にあったようだが、そうした中でも、自分を気にかけてくれていた。

時が自分の心を癒してくれ、自分もあまり年齢がいって婚期を逃すといけない、世間の定説にしたがって、二三～五くらいのうちに結婚したいなと思うようになったころ、夫との縁談がもち上がった。夫は、六つ上の近所の人で、小さい時からなんとなく顔見知りだった。あるとき、久しぶりに遭ったところ、向こうから「○さんじゃないですか」と声をかけられた。そのときは、それで終わったのだけれども、その後、結婚の話が出てきた。

あまり良くないことかもしれないけれど、当時、興信所を使って調べるというのが定説。その人の親戚関係だとか仕事のこととかを調べたけれども、問題ないとのことだった。損得とかいろいろな条件から考えると、決して大きな家ではないものも一軒家をもっていたし、御舅さん、姑さんのどちらもおられず、悪くない条件と考えられた。本人自体も、真面目で、いい人と思った。できることならば、大学を出ていたらいいなと思ったけれども、自分も最高学歴じゃないし、と思った。すごく口数の少ない大人しい人だったけれど、そんなことまで言い出したら、自分がそれほどでもないのに、決して贅沢は言えないと思った。兄たちも、あの人は、運動神経もいいし、頭も良いから、大学を出ていなくてもいいだろうと言っていた。人の意見ばっかりではいけないけれど、自分も、まあ、そうかなーと思って、自分の住み慣れた土地で生活できるのもいいなと思って、結婚を決めた。

子どものころの良かった思い出は、中学三年時、バレーボール部で県大会を通過して、遠征した際、先生がみんなを喫茶店に連れていってくれて、コカコーラなるものを初めて飲んで、石鹸水じゃないの、などとはしゃいだこと。東京オリンピックの前で、日本の女子のバレーボールが強くて、東洋の魔女と言われていたころのことである。自分はセッターだった。実際、中学校での思い出というと、まずバレーボールが思い浮かぶ。

一方、否定的な子ども時代の記憶としては、理科の時間に先生に当てられて、答えられなくて、後で涙が出てきて、その場にいた人に、「えーっ、泣いているの?」って顔をされたこと。理科は得意でなかった。でも、テレビとかのクイズによく出る問題は、理科でなく国語や歴史。それらが得意で良かったと思うことの方が多い。

社宅での生活

実家近くの一軒家に住めると思っていたのに、結婚前に夫は転勤することになってしまった。そして、結局、その一軒家はそのままにして、転勤先の社宅で新婚生活がスタートすることになった。

出産は、自分の人生における挑戦だった。ちゃんと元気な子を産めるようにと思って、人から、あれ食べたらいいなどと言われると、一生懸命にそのとおりにしようと心がけた。

今回の事件につながるのかもしれないけれど、ほとんど怒ることがなかった夫に、子どもが生まれる前に一度怒られたことがある。友達のところに、夫と一緒に行った際、「赤ちゃんが生まれて、もし病気とかもっていたら、大変。子どもの目、鼻、手、足となってやるのが当たり前ならば、私、やっていけるかどうかわからない」と言ったところ、夫が、「そんなの、やっていくのが当たり前じゃないか。目となり鼻となり足となり手となってやっていくんじゃないのか」と怒ったのを今でも覚えている。

ちゃんと生まれてくるだろうか、病気で生まれてきたら……と随分と気を揉んだ。そのことを母親に言ったところ、「私なんか、そうやって考えて産んだこと、一回もないわ」と言われた。その言葉を聞いて、なんか安心できた。社宅には、同じころ転勤してきた同世代の人が多かったので、すごく助けられた。社宅での生活は、いろんな面で大変だと聞いていたけれど、自分はあまりそう感じたことはない。子育てについても、いろんな面で教えてもらえて、自分がちょっと忙しかったり、どうしても買い物に行かなきゃいけないとき、「じゃあ、みててあげるわよ」という感じで助かった。社宅に住んで良かったなと思うことが多かった。そして、結婚前から、叔母がお稽古事の先生をしていて、自分もその手伝いをしていたので、社宅の人たちを相手に、お稽古を始めるようになった。

わが子の成長

長女、長男を産んでしばらくは社宅に住んでいたけれど、長女が就学するようになったころ、会社から促されたこともあり、転勤先で自宅を購入した。いずれ地元に戻れるだろうと甘く考えていたけれど、実家近くの一軒家は処分することになった。ただしその分、ローンの返済期間は短くて済んだし、住めば都で、なんとか順応できた。また、お稽古事については、子育て中、半年休んだだけで、あとはもう、いつもずっと続けてやった。社宅を引っ越してからは、社宅の人以外の近所の人にも教えるようになっていった。

お稽古事を教えるだけでなく、子どもの学校つながりの活動にも、積極的に関与した。子どもが小学校のころは、ママさんバレーに参加した。また、息子が中学のときには、PTAの副会長を務めた。会長は男の人だったけれど、そこで一緒に活動した人の中で、一生のお友達になれた人がいる。その人がいたからこそ、いろんな行事とかをスムーズに済ませることができたし、受刑中も、手紙をくださったりした。その人は、自分よりも若干年下だったけれど、社会の免許をもっていて、歴史好きで、いろいろと教えてもらえた。その影響もあって、自分は歴史が好きになった。

息子は、あまり勉強しなくても、学校でトップだった。当時、夫が単身赴任しており、教師からは、その夫の単身赴任先から通えるハイレベルの私立高校受験を目指せとまで言われた。結局は近所の公立に進学したものの、塾に行くこともなく、自分で買ってきた本で勉強するだけで、その私立高にも合格した。

大学受験の際も、大方の人は塾に通うものの、一切そうしたところを利用せずに、レベルの高い国立大学に合格できた。最初に希望していた大学とは違ったけれど、息子自身、その大学に満足し、そのまま大学院に進学後、先生の推薦で大企業に就職できた。そして、同じ職場の女性と結婚し、孫もできて……と、何もかも順調に来ていた。

一方、娘は、運動神経がよく、小学校とかでは、目立っており、中学校では、バレーボールを一生懸命やっていた。背はそれほど高くないけれど、ジャンプ力があって、エースアタッカーとして活躍した。ただ、成績はそれほど優秀でなく、高校でもあまり勉強しなかった。下の息子と比べてしまってはいけないのに、私もワーワー言わなきゃよかった。うるさかったかもしれない。

娘には、自分のしているお稽古事をさせていたけれど、自分のところ以外でもということで、中学生のときとかには、ほかの先生に就いて学ばせた。何か一つ技術を身につけていなければ生きていく上で困るだろうと思って、その後、実家を離れて専門学校にも進学させた。卒業後一時期は、大手企業の関連会社に就職していたこともある。

娘が実家に戻ってきたころ、娘には結婚を考えている交際相手がいた。けれど、自分には、「その人はちょっと適当でない」と思えて、反対した。娘の気持ちがどうだったのかわからないけれども、結局、別れたみたい。その後、娘は実家を離れて、お稽古事をしている叔母の手伝いをするようになり、叔母が亡くなって以降も、その叔母の息子の嫁と一緒に、その教室で教えている。結婚はしていないけれど、ボーイフレンドはいる。

四人家族だけど、夫の単身赴任を始め、子どもたちの進学や就職で、一時期は四人全員、別居していたときもあった。しかし、だからといって困ったことなどなく、自分もずっと幸せというか、問題になることが何もないな、このままいくんだろうと考えていた。ずっとこれまでこれたので、将来、紆余曲折があるかもと、頭ではわかっていたつもりでいたけれど、このまま進むんだろうと甘く考えていた。

この他、四〇代後半に父親が亡くなったことを話題に取り上げている。小さいころから、金銭的に苦しい思いもせずに育ててもらって、怒られることもなく、こうしたお父さんのもとに生まれてよかったと思う一方、自分が父親を悩ましたことがつぎつぎと思い起こされて、父が逝く前「このままで死なれて、いったい自分はどうなるんだ？」「このままじゃ、申し訳ない」と思った。亡くなってからもしばらく、申し訳ないという思いで、泣いていた。母親に、「なんでそんなに泣くの？」と問われ、その後悔の念を伝えたところ、「そんなこと、許していたに決まっている」と言ってもらえた。それで、すごく安心したのを覚えている。その母の言葉で、ふっきれた。

お稽古事と自己啓発の日々

人生の最良の出来事に、五〇代から始めた英会話を挙げている。英語はもともと好きだったけれども、自分が喋れるとは思っていなかった。自分たちの知らないことも教えていただけたのがすごく良くって、授業時間以外でも、先生の食事や旅行にご一緒することで、より生の英語に接しようと試みた。

そこで知り合った生徒ともお友達になれて、そのお友達の趣味の影響も受けた。歴史が好きな人とお友達になれて、美術館に行ったり、歴史的な話をしたりして、ハイキングも趣味だったので、ハイキングやトレッキングもした。お稽古事を教えながら、休みには歴史的なところに行く、英会話に行く、などと忙しい毎日だった。好きでやっているので、つらいことなどほとんどなくて、こんなことがあったとかと子どもたちにも話せて、最高の時間を過ごせていた。ぼけっとして一日を過ごしてしまうと、なんてもったいない一日を過ごしたんだろうと思ったりしていた。忙しい一日を過ごして、寝る前に布団の中で、「私は幸せで良かったな」と、ほとんど毎日感じていた。どこかで、その幸せが当たり前と思ってしまっていたかもしれないけれど、必ずそう思いながら床に就いていた。

自分たちの時代は、全般的に、夫の給料でやっていくというのが通例だった。でも、自分は幸いなことにお稽古をして収入があったので、恵まれていると思っていた。収入があるからこそ、自分の趣味を自由にできたし、お稽古事についても、ただ教えるだけでは自分が成長しないので、二〇年くらい前から、遠方にお住まいの著名な先生に就いて、力をつけてきた。お金はかかったものの、いろんなものを身につけられて良かった。

自分の心理状態がすごく変化して事件を起こすまで

山登り、ハイキング、トレッキング、英会話、美術館巡り、歴史巡り、それほどたくさんではないけれど、海外旅行にも九回くらい行った。一方、夫の趣味は、ゴルフ。夫とは趣味が全然違うので、あまり話もしなかった。しかし、自分は運転ができないので、買い物とかは主人にいつも連れて行ってもらっていた。

ところで、事件が起きる数カ月前、一緒に近くの公園に散歩に行った。自分は足が丈夫だったので、ぐるっと一周して戻ってきたところ、前の方をとても変な感じでフラフラ歩いている夫に気づいて、びっくりした。「こんなこと、とんでもない」「こんな姿は見たことない」ということで、今でも、その映像が忘れられない。そして、この夫の病気が、自分の人生の転機になった。

実際には、夫の症状は徐々に来ていたのだろう。けれど、夫は寡黙だから、気づかなかった。だから、公園での後ろ姿を見て、青天の霹靂、寝耳に水という表現がいいのかはわからないけれども、うわっと思って、世の中がまったく一八〇度回転してしまったような精神状態になった。

あわてて、通いつけのお医者さんに、こんな状態なんですと相談して、近くの市内の病院を紹介していただいて、すぐに行った。それ以降のことは、あまり鮮明に覚えていない。そこからさらに大きな病院を紹介され、白くなった脳画像を見せられ、「これとこれがつながったら、怖いですよ」などと言われた。全員が全員、同じ所見というわけではなかったが、アルツハイマーではないかと言われたりした。

自分は、病気に関して、もう本当に無知。ときどき、テレビで見ても、ふーんと思う程度だった。そういうことに関して、この人、そんなことにならないだろうと、自分で勝手に思い込んで、無頓着だったというか、無知だったフシがあった。

最終的には、徘徊するのかと思うと、本当に恐ろしくなって、夜も眠れなくなっていった。アルツハイマーの本を読んだ方が良いとは思ったものの、当時、とてもそんな気持ちになれず、なんかいろんな悪いことばっかり、先々の悪いことばっかりで、頭がいっぱいになってしまった。

自分は車の運転ができないのに、夫をどうやって病院に連れていけばいいのか、タクシーであんな遠いところに連れていけないと、運転できない自分を悔やんだ。さらに、勝手な話ではあるけれど、自分の天職ととらえていたお稽古ごとができなくなると考えると、本当に真っ暗になる感じというか、そうなることをどうしても考えられなかった。叔母も九〇歳で亡くなるほんの少し前まで教えていたので、自分もそれを手本に、同じような道を辿ろうと考えていた。当時、一〇〇人を超えるお弟子さんが来てくれており、その人たちとお別れすることなど考えられず、どんなことがあっても続けようなどと思っていた。あれやこれやと心配事が浮かんできて、どうしたらいいかわからない状態だった。実際には、夫の症状に気づいてからは、師範をもっているお友達にお稽古事を頼んだけれど、どの程度の期間、どのようにお弟子さんたちを割り振ったかなど、詳細は覚えていない。

夫は良い人だったので、認知症になった姿を自分は見たくないと思った。それから少し経って、夫が食べられなくなって、入院したことがあったけれど、退院してきた夫は、「もう、こういう経験はイヤだ」と言っていた。そして、自分も本当にそうだなと思った。

それまで夫は、二階で寝ていた。しかし、足が動きにくそうになって、下で生活するようになった。同じ部屋で寝るようになって、まさに二四時間、一緒にいる形になった。夫は普段から寡黙な人で、そのようになってしまったので、なおさら喋らない。自分は、気持ち的にどんどん行き詰まっていったけれど、ときどき、知り合いやお友達が、ちょっとおやつをもって来てくれたり、喋ろうって言って、実際、いつも利用している美容師さんが、自分の様子がおかしいと気づいて、周りに働きかけてくれたようで、近々精神状態をみてもらいに病院へ行くという話も進んでいたところだった。

「子どもたちには、絶対に迷惑をかけられない」「あの子たちはちゃんと生きているのだから」という前提で、夫のことに対処しようとしていた。そして、夫にも口では「お父さん、あなたのこと、私が守るからねえ」って伝えていた。一般的に考えて、こんなときに夫を支えられるのは自分しかいないから、どんな苦労をしてでも、夫を守らなければいけないと思っていたはずなのだけれども……。

お友達があれこれ言ってくれたりしても、まったく頭に入らなかった。「今までとこんなに違ってしまって、やっていけるかなあ」と一日中思ったりしていた。介護施設に入ってもらうとかは、まったく考えられなくて、最期まで自分が守らなければいけないと思い詰めていた。一緒に死ねればいいな、などと思ったりもしていた。

事件の経緯

事件の前日、今後どうするかという相談で、夫や娘と一緒に、息子の家を訪れた。一般的というか、普通の考えでは、お医者さんに任せるのが当然だとは思う。けれど、医者の手術の提案に対して、自分は、頑として反対した。手術したところ、歩けなくなったという人の話を聞いてしまったりして、とにかく怖くなってしまっていた。そして、その自分の興奮ぶりも影響してか、娘は、夫と私と一緒に一旦は家に戻ってきたものの、その後、友達の家に泊まりに行くと出かけてしまい、結局、主人と二人になってしまった。

自分が夫を殺めたのが事実であることは間違いない。だけれども、実は、そのときの記憶がほとんどない。なんとなく覚えがある程度で、どういうふうにベルトを使ったのかとか、首に回したのかの記憶はない。ただ、自分が何かをした際、夫が「何をするんや」と言ったのだけは、覚えている。この他、自分の中では、近所の人がくれたトマトを切って、包丁についたトマトの汚れを洗ったという記憶がある。あと、事件を起こして家を出るとき、それが夜中か朝方か、ちょっと時間はわからないのだけれども、鍵を閉めたことは覚えている。それと、自分が事件を起こしてしまったということを親しくしていたお友達に携帯電話で連絡したことは、覚えている。「ちょっと待ってね、これから行くからね。あなた、死んだらいけないからね、自殺したらいけないからね」と言ってきて、ご主人と一緒に駆けつけてくれた。その別れ際の光景が記憶に残っていて、何か黄色い服を着ていらしたことを覚えている。

以前から、犯行を計画していたのかどうかも、定かでない。ただ、「家の庭にある木に、二人で首を吊ったら死ねるかなあ」「主人は重くて、首をかけたりできないだろうな」と思いながら、モクレンの木を見た記憶はある。また、「火を付けたら、近所に迷惑がかけるからできない」と思ったりもした。あと、クリーニング屋さんでもらう細長い針金のハンガーを外して、これで首を絞めたら死ねるかなと思って、ハンガーをバラバラにしてみたり旅行用のベルトを切り刻んだ覚えはある。

夫を殺したのは自分しかいないので、自分なのだろうということは、わかっている。とんでもないことをしたのは既成事実であって、それは、自分でも認めているし、実際に受刑したということが、その事実を裏づけている。自分が警察に言ったこと自体も覚えている。だけれども、それは、おそらくこうなのだろうと想像しながら言ったに過ぎない。全部を鮮明に覚えていたとしたら、それはそれで怖いことだろうけれど、実のところ、ほとんど覚えていないので、自分で証言したことが正しいかどうかはわからない。

これから

夫は自分のことを恨んでいないと思っている。事件時、「何をするんや」とは言ったけれど、それ以前に恨まれることはしていない。主人自身、「結婚して良かった」と言ってくれたこともあるし、「会社の人からもそう言われた」と話してくれたこともある。

自分も、「この人と結婚して良かった」と思っている。夫は、「これはいけない」とかと言うことはほとんどなく、全部思う通りにさせてくれていた。この人と結婚して良かったとずっと思っていた。人は学歴とかそんなのじゃなく、人間性がどれだけ重要かということを自分もわかっていたはず。夫には、感謝しきれない。

今回の事件について、なんであんなことをしたんだろうかと思うけれど、実はその記憶が本当にないので、自分自身のことがよくわからず、怖い。自分が大きなことをしでかしたのであって、その十字架を背負って生きていかなければならず、風化させることなく四六時中、反省しなければいけないことはわかっている。しかし、その記憶がないからか、刑務所で作業を一生懸命やっているときなど、忘れてしまうこととかがあって、怖いなと思っている。

娘や息子とは、事件のことについて、ほとんど喋っていない。実際、どういうふうに喋って良いのかわからず、そのことについて喋るのも怖いなと思っている。もう謝るだけしかないのだけれど、恐ろしいことをした自分のことをどういうふうに思っているのか、わからない。普通ならば、呆れてというか、呆れて以上だと思うので、自分から離れていくだろうに、二人とも、今までと変わりなく接してくれるので、感謝しきれない。娘などは、手紙に欠かさず「お母さんありがとう」「待ってるよ」と書いてくれている。

あまり食べず、細い娘は酒・タバコの愛飲家なので、自分が事件を起こして以来、さらに飲酒量が増えてしまったのではないかと心配している。昔は娘に、あれやこれや、上からものを言っていたけれども、今の自分はどうこう言える立場になく、もうそれはできない。酒を飲まずにはいられない心境だったであろうし、下って言ったらおかしいけれども、せいぜい「できたら三食、ちゃんと食べられたらいいなと思っている」と助言するくらいしかできない。娘のつらかった時期に、一〇年来交際している若いボーイフレンドが一緒に住んでくれたことは、娘のすごく助けになったはずで、ありがたい。

息子は大企業の本社勤めなので、通常ならば、もうやめさせられてしまっても不思議はない。けれど、上司が良かったのか、当たり前のように「勤めてくれるだろう?」と言ってもらえたらしい。息子は、もちろんつらい立場にいただろうけれど、「ある程度の人は知っているけれど……」と言いながら、仕事を続けられている。ただし、息子はさておいて、その嫁に、自分に良い感情をもってほしいなどと望むなんてとんでもない。だから、うかつに息子に接触することはできない。

面会の時に、息子が、「子どもに事件のことを聞かれても、言えないな」とか、「なんて言おうか」などと言っていたことがある。息子自身、そのことをすごく心配している様子である。自分としても、「あなたのおばあちゃんはこうなんだよ」と誰かに知らされて、いじめを受けないかと絶えず気になっている。でも、息子にそのことを話題にすることすらも、怖い。そうした現実がありうることも受け入れなきゃと思っているけれど、そのようなとき、どんなふうにしたらいいんだろうと考えあぐねている。

また、夫の親族、すなわち、夫のお姉さん、お兄さん、弟さんがどう思っているかも心配なのだけれども、今はまだ、連絡していない。刑期が明けたならば、手紙を書かなきゃと思ってはいる。加えて、自分の二番目の兄が、自分が事件を起こしたことに加えて、妹が亡くなったこともあって、精神的に参っているようで、それも気がかりである。

人間が生きる中で最も大切な価値観で、かつ、自分に欠けていたのは、物事を一方的にしか見られなかったこと。自分の考えばっかりで、多方面から見ることができなかった。今回のことでも、息子の立場、孫の立場、娘の立場、お嫁さんの立場、親戚の立場というふうに考えられていたならば、こんな事件を起こすことはなかったと思っている。また、即答しなければいけない場合もあるけれど、ちょっと間をおくというか、時間をかけて答えを出した方が良いときもあると実感した。

人には、多方面から見なきゃと言っていたのだけれども、結局、自分は見ることができていなかった。誰が考えても、一般論から言ったら、自分が最期まで面倒を見て、人から、「あなた、よくやったわね」と褒めてもらう、いえ、褒めてもらうというよりも、それは当たり前のこと。それを自分はしないという大きな過ちを犯してしまった。あれだけちゃんとやってくれた主人なのだから、どんなに苦労してでも、恩を返すのが当たり前なのに……。

これからの生活で、一番大切なのは、病気にならずに健康でいること。健康でいることは、ものすごく大きなテーマだと思っている。いかに健康というか普通でいることが難しいかを、昔、聞いたことがあるけれど、今は本当に実感している。自分は頭がボケないよう、認知症にならないよう、とりあえず、ＮＨＫの教養番組を見たり、本を読んだり、ノートを取ったりしながら、記憶の訓練を欠かさずしていこうと思っている。勉強は嫌いでなく、むしろ好きな方だし。そうすることが、結局、周りに迷惑をかけないことに通じる。死ぬまで健康でいられる人はなかなかいないけれど、できるだけ長期間、健康でいられるようにして、子どもたちにも迷惑をかけないようにしたい。

そして、できれば娘の近くにアパートを借りて、海外の人にお稽古事をしてみたい。それと、社会で活躍している人に対しても、たしなみということで、自身の技能を伝えたい。ただし、娘がお稽古事をしているところに、自分も以前ちょくちょく遊びに行っていたので、自分の事件のことが知られてしまっているかもしれない。それに、ネットで調べれば、すぐにわかる。そのあたりのことが、自分にとって未知であって、ちょっと怖い。

いずれにせよ、これからは、即答せずにじっくり考えていきたい。

コメント

人にしてもらったことを素直に受け止め、表現することができる人と見受けられる。親からも、大切に育てられたことがうかがえ、それに感謝していることが語られている。

バレーボールの遠征の話からは、みんなと和気あいあいと過ごせていた様子だし、結婚後の社宅生活についても、周りに助けられたと肯定的評価をしている。他者と如才なくやり取りができる人であると推察できる。

世間で良しとされている基準を意識して、自身の行動選択をしていこうとする傾向が見受けられる。適齢期だから、夫と結婚したなどと語り、基準から大きく外れることなく生きていこうとの志向が認められる。また、成績が優秀だった息子のことをうれしそうに語っている。世の中にある序列の中で、できるだけ上位の地位を占めていたいとの思いの強さが見てとれる。また、子どものころ、先生に当てられたのに答えられなかったエピソードからは、負けず嫌いであることがうかがえる。

ＥＰＳＩの測定結果では、自身を勤勉であると認識していることが示されている。長年お稽古をしており、本件当時、かなりの人数のお弟子さんがいたとしていることからは、継続的に着実に物事に取り組むことができる人であると評せよう。努力を惜しまずに取り組むきわめて真面目な人と見受けられる。さらに、一つところに安住してしまうのではなく、常に少しでも自分を向上させようとし、それが新たなものに好奇心をもって取り組むエネルギーにもなっていたと思われる。お稽古事にとどまることなく、子育てが一段落したころからは英語を学び、自己啓発にいそしんでいたようで、意欲的な生き方をしていたことがうかがえる。子育ての後、空の巣症候群になる女性もいるが、彼女には、そのような陰りは一切見られない。毎日を享受できる自分を幸せと感じていたとしている。

ただし、語りの中で、何度も「怖い」の言葉を連発させている。あらかじめ自分でストーリーを描き、それに向かって努力することは得意だが、自身の予想に反する出来事に出会った際の耐性はそれほど強くないのであろう。失恋時、出産前、父親の他界などのエピソードからは、親などになだめられるまで、平静な気持ちを取り戻せなかったことが語られている。

また、娘の進路や交際相手の件では、「言い過ぎた」と彼女自身が認めている。自身が思い描くストーリーが展開されない状況下では、冷静に柔軟に対処するのが苦手なことがうかがえよう。

失恋してしまった以前の交際相手とは情感的なやり取りがあったようだが、夫との結婚については、適齢期であって、条件が悪くないから結婚したと説明している。したがって、夫が認知症になり、既述のとおりの幸せな生活を送ることへの足かせになってしまったから、殺めたのであろうか？　彼女の語りの中では、自分のお稽古事に支障を来たすことになるなどの利己的判断もあって、夫を殺めたかもしれないと言及している。

確かに、単身赴任していた時期も短くなかったようだし、互いの趣味も違うとしている。しかし、その一方で、夫が自分と結婚して良かったと言ってくれていたこと、自身も結婚して良かったと思っていることを語っている。夫の容体に気づいてからの生活の語りからは、彼女が夫に対してドライであったようには決して見てとれない。病院を駆けずり回っている様子だし、実際にはお稽古事も誰かに頼んでおり、お稽古事を続けることにこだわっていた様子はうかがえない。

一方、退院してきた夫が、もう入院はいやだと言っていたことから、その苦痛から逃してあげようとの思いから殺めたのか？　しかし、夫が「何をするんや」と尋ねたとしていることから、少なくとも事件時に、彼女と夫が共通認識をもっていたわけではなさそうである。

いい夫が認知症で変わっていく姿を見たくないと思ったと、その心情を吐露している。正常な子どもが生まれなかったらどうしようと非常に心配したエピソードからは、正常でないこと、健康でないことへの怖れの強さがうかがえる。妻である自分が介護するのが当然と認識しつつも、運転免許ももっておらず病院に連れていくことすらままならず、介護などとてもできないと追い詰められた気持ちになっていったのであろう。心中が頭を過ったことも語っている。夫の容体に圧倒され、精神的に参ってしまい、正常な判断ができなくなってしまったのであろう。

近所の人が彼女の家を出入りしていた、夫のことを子どもと相談した、など、実際、彼女は孤立無援状態に陥ってしまっていたわけではない。彼女の精神状態が正常でないと気づいてくれた人もいるからこそ、近々、彼女自身が病院で受診する予定にもなっていたのであろう。しかし、そうであっても、事件は起きてしまったのである。類似の事件が再び怒らないようにするために、我々は何ができるのであろうか？

ところで、ここで示した語りは、事件発生後六年半が経過して、仮釈放され社会に戻ってきた時点のものであるが、どのような心証をもたれたであろうか。彼女自身、この語りを終えた後の感想として、「バラバラな説明になってしまったと思う」としていた。

しでかしてしまったことはあまりに大きい。自分が犯した事件のことで、子どもたちが煩わされていることを気にかけている。しかし、その一方で、事件時のことをよく覚えておらず、自分のことを自分でも怖いと感じている。受刑中に贖罪教育を受けるには受けたが、しっかりと向き合うには、刑務作業が忙しく、その作業をすることに気を取られていて……とも言っていた。行った事実について自身の中で受け止めきれず、いまだ整理がつきかねている状態というのが、現実なのであろう。

第15章

女性犯罪者の語りを通してみて

女性犯罪者の社会観や死生観

2章から14章で紹介したものは、いずれも1章で紹介したマックアダムス（McAdams, 2008）が提示しているライフストーリー・インタビュー法を用いて集められた内容を中心にまとめたものである。1章で触れたように、マックアダムスのインタビュー法では、その人の基本的な信念や価値観を明らかにする目的から、政治・政策に対する意見や、関心をもっている社会問題を教えてほしい、さらに、年を経るにつれてそれらが変わってきたのであればそれについても触れてほしいと尋ねている。しかし、これまでの章で紹介した語りでは、それらがあまり取り上げられていなかったことに気づかれた方もおられよう。

犯罪とは、反社会的な行為であって、ある意味、社会への反発を行動化したものと解釈できよう。したがって、現状の社会に対して、さまざまな反発の意見表明がなされると予想されるのではあるまいか。しかし、本書で紹介したように、社会への異議申し立てを直接表明する者はさほど多くない。10章の事例が、暴力団はさほど悪くないことを話題に取り上げ、11章の事例が、公的な政策や経営戦略の失敗のつけを、税金という形で自分のような弱者にまで回してきて、一方、その失敗を導いたエリートたちは身を切るような痛みを経験していないと不平を口にする程度であった。

政治・政策に対する意見や関心をもっている社会問題を尋ねても、社会から取り残されない程度にそれらに関心をもつ必要がある（2章）、自分の生活にも無関係ではないかもしれないととらえるようになってきた（9章）との意見も出たとはいえ、その大半は「ない」とあっさり回答していて、関心が薄い様子が観察された。政治・政策とは、自分の生活とは縁遠いものととらえているようである。国会での議論をみているとバカらしいと感じる（8章）、政治家はお坊ちゃまが多く、困っている人のことをわかっていない（6章）、自分たちのような国民からは遠い存在で期待していない（4章）、期待した時期もあるけれど、結局ダメだった（11章）などの感想を述べるにとどまっている。政治・政策によって、自分たちが助けてもらえるわけではないとの認識を有している。自分も社会の構成員なのだから、自分が生活しやすくなるよう、社会に働きかけていこうなどと考えてもよさそうだが、そのような意向は示されない。一方、自分が犯罪をしていることについて、このような住みにくい社会であるからやむをえないなどと、自身の犯罪を合理化しているわけでもない。

こうした政治・政策への無関心は、女性犯罪者に限らない可能性もある。たとえば、ギリガン（一九八二＝一九八六）は、女性は、身近な人との関係性を大切にし、問題解決の仕方も、普遍的な原理に基づいて抽象的、論理的に行うよりも、具体的状況に沿った形で、現実的な結果を考慮して解決を求める傾向があると指摘している。本書で紹介した犯罪者の語りは女性であり、政治や社会政策とは、抽象的、論理的なものととらえて、前述のような結果が示されたということも考えられる。

また、性別を問わず、犯罪者という主流社会から外れた者の視点からすると、主流社会内で検討される政治・政策には、自分たちが包摂されていないと受け止めている結果かもしれない。つまり主流社会への関心が低く、法律も主流社会での決めごととととらえているので、その掟を破ることにさほど抵抗感がないのかもしれない。

もちろん、一般人とて、政治・政策に対して、同様に無関心かもしれない。しかし、犯罪者は社会の掟を破る存在である。したがって自分も社会を構成する一員であると自覚させていけるような働きかけが、まずは望まれよう。

この他、マックアダムスのインタビュー法にもとづいて、今回のインタビューでは、自身の人生に影響するであろう宗教観についても尋ねているが、これについても、あまり反応が出てこなかった。このインタビュー法は欧米人を念頭において開発されたものである。欧米の文化では、宗教のことが日常の話題でもしばしば取り上げられる一方、わが国では、なかなか話題に上ることがない。あまり多くが語られなかった結果には、こうした文化差が影響しているかもしれない。ただし、精神的浄化が図れる（10章）、正道に導いてくれる（7章）、先祖に精神的救済を求める（5章）といった発言が見られた。これらは、自身の力で及ばないことについて、宗教に救済を求めている内容とまとめられよう。

犯行の特徴

本書では、複数の覚せい剤事犯事例を取り上げた。売買が主で、薬物への依存の程度はそれほどでない事例（6章）もあったが、薬物の自己使用者については、自身が抱える問題を解決しようとして、つまり、自己治癒の目的で使用した経験を語っているという共通点が見られる。素面ではとても耐えがたい気持ちをもて余し、その気持ちから多少とも逃れようとして使用しているという事例（3章、8章）、元気を取り戻そうとして使用している事例（10章）などがあった。そして、彼女たちが語る生育歴をふり返ると、いずれも、情緒的問題を抱えてしまうような経験をしていることが、一目瞭然である。これらは、女性の薬物依存の特徴として、ナジャヴィッツ（Najavits, 2002）が挙げているものでもある。

依存問題を扱うことの難しさは、依存が終生治らない点にある。依存状態から回復することはできるものの、生涯を通じて、やめ続けなければならないとされている。その依存の怖さの実態を端的に示すものとして、3章の事例が挙げられよう。この事例では、薬物を数年使っていなかったものの、薬物を目の前にした途端、元の木阿弥にはまってしまったことが語られている。この他、今回取り上げた事例では、覚せい剤以外の依存、すなわち、シンナー、アルコール、ギャンブルなど、他の依存の問題を抱えていることも共通に見られた。覚せい剤の薬理効果自体を問題視するとにとどまらず、「何かに依存してしまう心理」に働きかけていく必要があることが示唆される。

一方、財産犯についてはどうであろう。本書で取り上げた複数の財産犯がどのような問題をかかえているかをみていきたい。犯罪に至る過程に影響している要因に注目していくことが、再犯抑止の鍵を握ることになると考えるからである。

まず、当然のことではあるが、ものなり金なりがほしくて財産犯に走る者は少なくない。実際、収入源を財産犯に頼っている事例があった。たとえば12章の事例では、置き引きを生業としている節が見受けられる。苦労せずに手っ取り早く入手できる手立てであるとみなしている。就労に見合った対価を報酬として受け取るという一般人とは異なった就労観を有していることが見てとれる。つづく13章の事例でも、パチンコ代稼ぎのために置き引きを行っており、そのことに強い抵抗感は抱いていない様子である。

金銭管理を十分に行えず、資金繰りに窮して財産犯によって賄おうとする事例もあった。たとえば9章の事例は、買い物をしているうちに、気づくと足りなくなって借金まみれになっていたことに端を発している。13章の事例でも、お金が足りなくなると置き引きをするとしており、自身の持ち金の範囲内で生活していこうという態度に欠けていることがうかがえる。

住所不定で手持ちの金がないこと（2章）、生活に必要な資金が十分でないこと（7章、11章）から、財産犯に至っている者もいた。こうした者に対しては、財産犯に走ることの問題もさることながら、その生活自体をどのように改善していくかを検討する必要があろう。この他、当座の生活は送れているものの、将来への不安から、財産犯に走る事例（5章）もあった。

また、情緒的問題を抱えて、財産犯に至っていると見てとれる場合もあった。それがないと生活に事欠くというわけではないものの、欲しいと思ったら我慢できなくなって、やらずにはいられない衝動に突き動かされて犯行に至っている事例（4章、7章）では、心のブレーキの効かなさ、すなわち衝動性の制御の問題を抱えているのであろう。また、すでにストックがあっても、「なくなったら困る」と思って万引きを繰り返していたという5章の事例では、盗ることで、自身が経済的劣位から逃げ出せ、やっと対等な立場に立てた気がすると感じたりもしている。この他、思ったような生活が展開しないことへの腹立たしさから、八つ当たり的に万引きをしていたとふり返っている11章の事例では、周囲との違和感等、不適応感からの一時的解放を求めており、さらには、どうなっても良いとの自暴自棄の気持ちが垣間見られる。

加えて、他者との関係性の結び方の問題が、財産犯に至ることに影響を及ぼしている場合もある。11章の事例では、不満を抱く相手に直接その不満を伝えられないことが、事件の背景にあると推察できよう。また、2章や4章の事例においては、彼女らの近しい他者から要請され、犯罪に手を染めるようになっていったことが見てとれる。

自立的に判断するよりも、善悪を無視しても他者の意向に沿おうとする姿勢がうかがえる。

そして、2章の事例では、一旦犯罪に手を染めて以降は、生活資金がなかったからとひとりで盗っている。頼めば貸してくれそうな人がいたものの、貸してと頼みづらかったと、面子を保とうとして、あるいは、その人からの評価を気にして、犯罪に及んでしまっている。つまり、他者に対する自己呈示の問題が絡んでいる。同様に、借金苦から逃れようとして詐欺に至った9章の事例でも、自身の借金の問題を、家族に相談できなかったと述べている。現実を明らかにすることで、自分が責められることを避けたかったとしている。危機場面において家族が支え合う関係になり得ていなかったことが見てとれる。

財産犯と薬物犯を比べてみると、薬物犯罪に至るには、違法薬物の授受をめぐって暴力団等の反社会集団に接触する必要があるのに対して、財産犯の場合は、必ずしも反社会集団に接触せずに行うことができる。今回取り上げた財産犯の事例のうち、2章と4章の事例以外は、いずれも、そのような接触がまったくないのに、犯行に至っている。財産犯とは、周りの人に気づかれることなく、ひとりでこっそり行うことができる犯罪なのである。

一方、財産犯であっても、その生活ぶりを見てみると依存の問題を抱えている場合が少なくない。12章や13章の事例では、適切な余暇の過ごし方を見出せず、パチンコに興じる結果となっており、また9章の事例では、買い物にハマってしまっている。この他、4章の事例の本件では、手持ち無沙汰な状況下、気になってしまってやっていたとしている。これらの事例からは、束縛されずに自由に過ごせるせっかくの時間を、自身を追いこむ結果につながることに費やしてしまっているという空虚感、悲しさを見てとることができる。

刑事司法機関係属の意味

犯罪者は、自身が犯罪に手を染めることをどのようにとらえているのであろう。また、自身の犯行が警察に発覚し、場合によっては、受刑生活を強いられるわけだが、こうした体験をどのように受け止めているのであろう。

12章の事例では、わが子の前で逮捕されたときは、子どもに最悪なところを見せたと思ったと言明する一方、日ごろは見つからないと暗示をかけて繰り返していたと語っている。「見つからないので平気」として犯罪を続けていたこの事例からは、迅速に、かつ、確実に刑罰を行うことが効果的な刑罰のあり方であるとするかのベッカリーアの主張（ベッカリーア 一七六四＝一九五九）を改めて想起させられる。

犯行が公的機関に扱われることについての発言を見てみると、事件が発覚した際の痛みにふれている者が多い。2章の事例では、執行猶予判決が下った際、家族から「犯罪者」呼ばわりされることの不快さから逃れようとして、生活がさらに悪化して、再犯に至ったことが語られている。また、懲役が科されたことに関しては、受刑することになって自分の全部を失った（9章）、せっかく信用してくれていた人を裏切ることになってしまった（8章）などの語りが見られる。この他、自身が受刑することで、親族に迷惑をかけたのではと懸念したり（14章）、身近な人から迷惑がかかると糾弾されたとする語り（7章）が見られた。これらは、犯罪者、あるいは受刑者とラベル化されることに伴う反応とまとめられよう。一方、これらの負の体験を克服していこうとの決意や方策についての語りに発展することはなかった。こうした現実といかに付き合っていくかも、再犯抑止においては大切なポイントとなろう。

受刑生活についてのネガティブな感想としては、受刑者同士の人間関係が大変であった（3章）、自己主張できない自分はいじめられた（11章）などの語りが聞かれた。この他、社会生活を続けていれば金銭を稼いだり人の役に立てるのに、刑務所で無為に過ごすのはもったいない（10章、13章）、社会に残してきた人の面倒を見られないので不便でつらかった（7章）、などがあった。

このように、刑事司法機関に犯行が発覚され罰を科される過程で、さまざまな負の体験をしていることが語られている。しかし、注目すべきは、語られる負の体験とは、事件が発覚したり処分されたりした結果に対してであるということである。今回紹介した事例において、自身が行った行為そのものについて、罪悪感をひしひしと抱いているると聞き手に伝わってくるような語りはなされず終いであった。なお、12章の常習窃盗犯の事例からは、もはやこの段階に至っては、受刑による犯罪の抑止力がなくなっていることが見てとれる。彼女曰く、見つからずに刑務所に入らないに越したことはないけれど、受刑生活を繰り返しているうちに、マンネリ化してしまい、捕まっても被害弁償するわけでなく、受刑すればそれで終わりで、歳も歳だし、刑務所で死ぬかもしれないけれど、それも一つの人生と思えば良いだけ、としている。

その一方で、受刑生活を通じて学ぶことができたなどのポジティブな意見もあった。それまでの社会生活の中では疎ましい存在ととらえてきた祖父と、受刑することになって遠く離れて生活することになり、さらに刑務所職員から口添えされたこともあいまって、その祖父の心根に気づけるようになった（2章）、社会生活ではごく当然と受け止めていた人の心配りに感謝するようになった（6章）、など自身を取り巻く人々の心意気に気づくに至ったとの発言があった。加えて、刑務所職員は仕事だからやっている側面もあるかもしれないものの、親身にケアされる経験を通じて、自身が多くの人に支えられていると感じられた（6章）といった、刑務所内で展開される対人交流を通じて、ひとりではないと実感できたとする発言もあった。この他、刑務所生活を通じて、ものがなくても生活していけることを体感できた（5章）、社会生活では自由を謳歌していたものの、団体生活を余儀なくされる中で、協調性などを身につけることができた（6章）、といった刑務所生活での学びについての言語化もなされていた。なお、刑務所体験をこのようにポジティブに受け止める姿勢は、今回取り上げた事例においては、比較的若い年齢層に見られた。

逸脱の始まりの時期

今回取り上げたのは、いずれも成人犯罪者の事例であるが、彼女らの逸脱がいつごろから始まったのかを概観したい。

未成年のころに逸脱行動をしていたと言及する事例が複数あった。8章の事例は、小学校から問題行動が顕著で福祉施設に入った経験があるし、10章の事例でも、中二時からぐれて、少年院歴があった。この他、公的機関への係属には至っていないものの、2章や4章の事例では、退学経験があるとし、3章の事例では、家出・夜遊び・シンナーなどの問題行動があったことに触れている。

二〇代、三〇代といった成人期の駆け出しのころ、犯罪を始める事例もあった。成人になる前後、親元を離れて生活する中で生活資金に行き詰まったとして万引きした事例（7章）、社会人になって、思ったように就労が見つからない状況下、犯罪に手を染めた事例（12章）、社会人になって収入を得られるようになってから親の借金問題を知り、その返済のため自身が金策に奔走する中で犯罪に至るようになった事例（5章）があった。親が他界して精神的支柱を失った中で、反社会的な人にそそのかされて犯罪に加担するようになった事例（6章）もあった。

この他、中年期になって、犯罪を始めた事例もあった。病気で倒れて以降、思い描いていた人生がどんどん崩れていく中で、犯罪に走るようになっていった事例（11章）もあれば、長年就労していた職場を退職して、暇な時間をネットショッピングに費やし、作ってしまった借金の返済のために犯罪に走った事例（9章）、子育て、孫育てと多忙な人生を走り続けてきたものの、空いた時間にパチンコに興じるようになり、そのパチンコ代を工面するために犯罪を繰り返すようになった事例（13章）などもあった。

さらに、犯罪とは縁遠い文化で生きてきた者が高齢になり、介護の問題に直面する中で夫を殺めてしまったという事例（14章）もあった。

犯罪発生率は年齢層によって異なり、一〇代がピークであり、その後低下していくとされている。しかし、成人になって以降も、その年代ごとに直面するさまざまな問題にうまく対処できず、その結果、犯罪に走ってしまう場合があることを、これまで紹介してきた事例からうかがい知ることができよう。

また、女性の場合の犯罪発生率については、二〇代、三〇代と下降する一方、その後若干ではあるものの増加する時期がある（藤野、二〇二〇）。8章の事例のように、未成年のころから犯罪をしている者であっても、二〇〜三〇代といった子育ての真っただ中では、犯罪が小康状態となることが、その一因であろう。また、人生行路における新たな課題を乗り越えられず逸脱していくことに加えて、7章の事例に見られるように、犯罪に走らないよう牽引役を担ってくれていた人が高齢になって他界しまうことも、その一因とみなせよう。

世代間連鎖の問題

複数の事例において、親が反社会的行動にかかわっていたことが語られている。4章の初回受刑に至った事案は、母親が共犯者であったが、その事例にとどまらない。祖父が保護者役を担ってくれた2章の事例では、父親が若いころ、暴走族に入っていて、ヤクザに入っていたこともあるらしいが、そのことにはあまり触れたくないと、そのような父親を否定的にとらえている。また、3章、4章の事例では、父親が暴力団員であったとし、母親にDVをしていたともして、恐れると同時に嫌っている。しかし、自身も結局は犯罪に走っているのであって、父親と類似の行動を自らが繰り返していることになろう。

5章の事例では、子ども時代には気づかなかったとしているが、父親がギャンブルを自重できず、結果、深刻な借金を作ってしまっている。そして、彼女自身も、万引きをやめられないでいる。すなわち、自制力の問題を二人が共通して抱えていることになる。

この他、アルコール依存の母親をもつ3章の事例では、アルコール依存ではないものの、覚せい剤依存に陥っている。また、母親同様、交際した相手から、DVの被害を受けた経験も有している。さらに、母親と一緒に生活できないことがどれほど寂しいかを十分に知り得ているはずなのに、彼女自身の受刑によって、子どもを施設に預ける結果となっている。

8章の事例でも、親から、子どものころに彼女を施設に預けたことが、後に彼女が犯罪に走ることにつながってしまったと後悔されている旨を語っている。しかし、結局、自身の受刑に伴って、わが子を施設に預ける結果になっている。さらに、この事例では、自身のみならず、その子どもも逸脱行動で公的機関に係属している。

これらをまとめると、親の振る舞いを問題視しながらも、気づくと自身も同種の行為を繰り返してしまっているということになろう。

発達課題といった視点

1章で触れたように、今回取り上げた事例では、インタビューに加えて、エリクソンによって定式化された自我の発達段階図式（エリクソン 一九五九＝一九七三）に対応した心理社会的発達課題の達成感覚を、どの程度有していると感じているかをEPSIを用いて自己評価してもらっている。そこで、事例のうち、特徴的な得点の事例について、少し言及してみたい。なお、それぞれの得点はインタビュー時に測定されたものなので、エリクソンが提示している各発達課題を測定時点において、どの程度獲得していると認識しているかを示している。一旦は獲得されたものの、その後の人生経験によって、変容していることも想定される。

まず、エリクソンが人生の初期段階の発達課題として提示した信頼感、これには、他者を含めた周りの世界に対する信頼感に加えて、自己への信頼感も含まれるのだが、それについては、どうだろう。この信頼感についてEPSIの得点で見てみると、父親のDVで子どものころから悩まされた記憶を生々しく語り、母親を守ろうと悪戦苦闘したものの、その後、母親にも翻弄されたとする4章の事例や、子どものころに原家族の金銭苦を経験したので、ともかく金銭面で豊かな生活をすることに重きを置いてきたとする8章の事例では、信頼感が低いと自己認識していた。

一方、病に倒れてから転落していった11章の事例や、親の借金返済を一手に引き受けようと奮闘したとする5章の事例では、この信頼感の得点が高かった。11章の事例では、インタビュー時、ふと疑いの念が頭をもたげるなど両価的にとらえている姿が垣間見られたことを考え合わせると、自分を信じられるはず、また、他人も信じられるはずと思い込もうとして回答したと考えられる。さらに、5章の事例は、現実を度外視して、人を疑ってはいけない、信じるべきとの理念を前面に押し出して回答したと考えられる。

信頼性の獲得の次の発達課題である自律性、すなわち、自分で選択し決断できるという感覚に関しても、先に挙げた4章の事例では、著しく得点が低かった。かつては父親から逃げようと留学を思いつき、実際に留学にこぎつけることができたりしていたが、その後母親に翻弄されるなどを経験し、今となっては自身の生きていく方向性が迷走してしまっていることを反映しての結果なのであろう。

一方、先に挙げた11章の事例に加え、一時期は花形AV女優として上り詰めたとする10章の事例で、自律性の得点が高かった。いずれの事例も、逆境を経験しながらも、一時期は納得のいく生活を送ることができており、それらを自ら開拓、選択してきたと位置づけているがゆえの結果なのであろう。

つづく発達課題、すなわち、自発的かつ意欲的に物事に取り組み、自分が良いと思う行動に責任をもつという心構えである自主性については、先に挙げた4章や8章の事例のほか、長年多忙な日々を過ごしていたものの、ふと暇になったところでギャンブルにはまってしまった13章、置き引きで全国行脚した12章の事例でも、その得点が低かった。一方、信頼性同様に、11章と5章の事例では、その得点を高く自己評価していた。

生産的に物事を成し遂げることができて、それを周囲から承認され、自身も何かができる存在だととらえることができる勤勉性に関しては、11章の事例で著しく低かった。この11章の事例は、これまで見てきた信頼性、自律性、自主性については、いずれも高得点であった一方、この勤勉性については、一転して低得点であった。自分なりに自己選択し、置かれた場所で意欲的に取り組んできたつもりではあるものの、誰からも見放されてしまった現状を見つめては、結局は何もできない存在ととらえるに至っての結果を映し出しているのかもしれない。対して、ストーカー被害に遭うまではAV女優で成功を収めてきた10章の事例に加えて、本件の夫を殺めるまでは、地元でお稽古を教えているにとどまらず、日々自己研鑽を積むことに喜びを感じていた14章では、高かった。

青年期の発達課題とされる同一性、すなわち、自分という存在を明確に理解し、どう生きたいかをしっかりつかんでいるかに関しては、先に挙げた4章の事例や、置き引きをしながら全国行脚した12章の事例では、その感覚を有していないという結果であった。12章の事例では、日本の女性では一番の置き引き犯と自己ラベル化しているものの、それを必ずしも受け入れているわけではないことがうかがえる。一方、自らが家族を救おうとした5章の事例に加えて、父親がいなくなって犯罪に巻き込まれてしまった6章の事例では、自分という存在をわかっているととらえていた。

成人期初期の発達課題である親密性、すなわち、他者と親密な付き合いができるかどうかについては、これまでにも触れてきた5章、8章、11章で、付き合いができると回答していた。ただし、これを前述の信頼性についての回答とも合わせて検討してみると、5章、11章の事例は、信頼性も高かったのに対して、8章では、反対に低かった。8章が意味する親密性とは、双方信頼し合うかどうかは別として、自身が近しくなろうと思った人とは、うまく交際できるということを意味するのであろう。

中年期の発達課題である生殖性、すなわち、自分よりも若い次の世代の担い手を世話したり育成したりすることへの関心やそれにエネルギーを注ぐ程度に関しては、6章の事例では低いとの結果であった。未婚で、自分のことにばかり関心が向いていると語っているが、それを反映した結果なのであろう。反対に、11章や8章の事例では高い結果であった。11章の事例では、離婚して以降、不倫相手とも一緒に懸命に子育てをした様子を語っている。また、8章の事例では、末子以外は親に養育を任せっぱなしにしていたものの、子どもたちに金銭面で困らせないように頑張ったつもりであると語っている。この他、親の借金を肩代わりしようとしたとする5章の事例でも、比較的この得点が高かった。これは、他者への献身を是とする彼女の信条を指し示すものなのであろう。

人生の終盤の発達課題とされる統合性、すなわち、人生を自らの責任として受け入れ、死に対しても安定した態度をもてているかに関しては、9章の借金の返済を詐欺で工面しようとし、結局、事件が発覚して離婚に至った事例で、その得点が著しく低かった。彼女は、不満を有することなく生活していたものの、事件が発覚したことで一転してすべてを失ったと認識しており、現状の自身の人生を受け入れらずにいるのだろう。インタビューにおいて、目先の楽しさに目を奪われて、何も考えずに人生を生きてきたと言及してもいる。一方、勤勉性の結果と同様、10

章、14章の事例の得点は高かった。これらの事例では、自身が犯した罪を自身の人生にどの程度統合できているかはさておいて、概して自身の人生を納得のいくものととらえていると言えよう。

情緒や対処傾向の問題

1章で触れたように、今回取り上げた事例では、インタビューに加えて、EPSI以外のいくつかの心理尺度もあわせて測定している。それらの回答結果のうち特徴的な事例について、少し言及してみたい。

まず、問題に直面した際の対処方法として、責任転嫁する傾向が強いと自認している事例がいくつかあった。自分なりに積極的に事態の収拾を図ろうとするものの思うように運ばず万引きに至るようになった11章、好き勝手をして問題に直面すると父親にその解決を頼ってばかりだった6章、子ども時代には父親からDVされる母親を目の当たりにして、ある程度大きくなってからは、母親と適切な心的距離が保てず共依存状態となった4章の事例順に、その傾向が見られた。反対に、孫の世話の合間にギャンブル依存が深まっていった13章の事例や、夫の認知症の進行を憂いて殺めた14章の事例では、問題は自分で引き受け、責任転嫁はしないと自認していた。

また、問題に直面した際、事態の解決に向けて情報収集を試みたり、肯定的解釈をしたりする姿勢がないと自認している事例には、病に倒れて以降悪事が続き、ついには子どもからも迷惑がられる存在になっている11章の事例のほか、子どものころから続いていた問題行動が一時期小康状態になったにもかかわらず、再度反社会的な人と接触し再犯に至ったとする8章の事例があった。

この他、しっくりいかなさを感じながら、長年社会から浮いた感じで生活してきた7章の事例では、自己調整がうまくいっていないことを自認していた。自身の言動がどこかずれており、人が期待するような言動となっていないと感じての反応と解釈できよう。また、祖父の期待どおりに振る舞うことへの疑念が生じて以降生活が乱れていった2章の事例においても、多角的に物事を見ずに決めつけてしまい、新しくてより望ましい行動へと自身を改良していこうとする改良型自己統制を行うよりも習慣的な行動を続けやすい傾向があると自認していた。この傾向が、祖父との関係悪化を増長させていったと解することもできよう。

また、8章の事例では、自己統制力に乏しく、苦境等に置かれると、その現実を受け入れる力がないと自身をとらえていた。負の情動に注意が向いてしまいがちで、精神的苦痛に対して主観的評価をしやすく、それへの耐性が乏しいと自認していた。彼女の語りからも、情緒のゆれが激しいことが見てとれる。精神的苦痛を緩和するため非常に努力していると自認しているが、アルコールなり覚せい剤なりの使用が、その調整の手段になっているとも読みとれる。行動力はあるものの、その時々の感情に引きずられた行動になりがちなため、持続的・安定的な生活が送れないのであろう。また、母親と共依存関係に陥っていたとみなせる4章の事例においても、同様の傾向を有すると自認していた。母親からの要請が理不尽であって、それに応じようとしては、さらに自身を追いこむ事態に進展しているのに、その関係を断てない背景には、このような情動が影響を及ぼしているのであろう。

反対に、負の情動に注意が向いてしまうことが少なく、精神的苦痛に対する耐性があり、精神的苦痛を緩和するための調整の努力を行っているわけでもないと自認している事例もあった。日本の女性の中で一番の置き引き犯と自称する12章の事例である。すなわち、彼女の犯行は、一時の感情に揺さぶられたものでなく、彼女なりの計算に基づく合理的選択と解せよう。

この他、親の借金の肩代わりをしようとした5章の事例では、精神的苦痛をできるだけ主観的ではなく評価しようとしていると自己評価していた。ただし、この彼女の認識は、自身の生の感情を否認した結果である可能性もあろう。自分は頑張れると思い込んで日々生活しようとしてはいるものの、その我慢が限界に達して、万引きという歪んだ形で負の感情を発散させていると解釈できるかもしれない。

他者との関係性

犯罪とは、社会で取り交わされている約束事を破ることであって、人々の期待に沿わず、他者を困らせたり傷つけたりするものと言える。したがって、自分のことばかりを考え、他者関係には無頓着と予想されよう。しかし、実際のところ、犯罪場面を除いては、良好な対人関係を展開していることもある。

詐欺をして借金の返済に充てていた9章の事例については、借金をするようになるまでは、特段、問題のない社会生活をしていた口ぶりである。子どものために労をいとわない母親で、PTA活動にも意欲的に取り組んでいたと語っている。さらに、今回の事件の被害者も、彼女が以前働いていた職場の顧客であって、被害者側が彼女を信用したからこそ、起きた事件である。そのような関係性を構築できる力を有している。しかし、犯行を重ねていた際に悩んだり恐れたりしているのは、バレるかどうかだけであって、その語りの中で、被害者の気持ちへの言及はされず終いであった。

こうした傾向は、ほかでも見られる。パチンコ代稼ぎのために置き引きを繰り返している13章の事例では、ばあば、ばあばと、孫がなついてくれている様子をうれしそうに語る。児童期を過ぎた男の子が、自発的に彼女の家を訪れたりするのだから、その関係は良好であったと推測できよう。しかし、以前の受刑について、孫には悟られていないので「大丈夫だった」として、犯罪に走る自身について、後ろめたさを抱いている様子はうかがえなかった。犯罪に走っていることを知られさえしなければ、その関係に支障はないととらえていることが見てとれる。そして、彼女自身の子や孫への思いの強さが、語りから伝わってくる一方で、ギャンブル代稼ぎのために行う置き引きについては、盗れそうかどうかということで標的を定め、その結果、年配の人を被害者にしている。年配の人だからといって、それを慮る様子はうかがえず、特段の情感は沸いていないなさそうである。

また、日本一の女性置き引き犯と自称する12章の事例でも、わが子の面前で逮捕されてしまい、事態を呑み込めない子どもが連行される自分を泣きながら後追いしてきたとして、その光景を、一〇年以上の歳月を経ているのに、涙ながらに語る。しかし、置き引きについては、本当に簡単に盗れてしまうと説明し、盗れた額が大きいと喜びが倍増すると本音を打ち明ける。多額の金を一気に失ってしまった被害者の気持ちに思いを馳せることはない。この事例でも、ＰＴＡ活動などを積極的に行っており、「良いママ」の評判を得ていたとする。しかし、実際のところ、この良い評判を得ている最中も犯行を繰り返しており、ただ発覚していなかっただけである。残念がるのは、そのような行為をしたことではなく、子どもや周りの人にそのことが明るみになってしまったということなのである。

改善可能性

1章で触れたように、マルナは、今回のインタビューで用いたマックアダムスのインタビュー法を用いて、犯罪者のままでいる人たちと、犯罪をやめた人たちの話の内容を比較している。その結果、犯罪から離脱した元犯罪者は、犯罪を恥ずべき失敗としてではなく、新たに見出した使命への必然的な序章として捉え直しており（マルナ、二〇〇一＝二〇一三、二一一–二一二頁）、つまり、自らの過去から逃げるのではなく、恥で満たされていたはずの過去に、意味を見出し、それを現実や未来につなげていくナラティブを形成していたとする。成人における自己概念の形成過程とは、自らの認識する過去、現在、予想する未来を統合することである。犯罪をしていたころとしなくなった現在では、一見、連続していない人生軌道のように映るものの、元犯罪者は、犯罪を行った過去を説明し、また、なぜ今は以前のようではないかを過去と関連させながら理解していると主張している。

一方、犯罪者のままでいる人は、人に冷たい環境の産物であると自分をみなしていた（マルナ、二〇〇一＝二〇一三、六頁）とする。すなわち、持続的犯罪者の多くが、犯罪にも刑務所にも自分の人生にもつくづく嫌気がさしていて、法を守って生活したい、自分の人生を変えるような何かをしたいとの思いを語る一方で、薬物依存や貧困、学歴や技能の不足、社会的な偏見のために、自分の行動を変える力が自分にはないと感じている、あるいは、犯罪をしたいわけではないが、犯罪をするほかに選択肢がないととらえている内容が語られた（マルナ、二〇〇一

＝二〇一三、一〇五頁）としている。つまり、犯罪の持続群・現役群は、人生を変えられるという希望をもてず、環境や偶然のできごとによって人生がほとんど決まってしまうと、自分に手渡された運命を受け入れて、思い描く成功も、「一山当てる」といった偶然に期待を寄せ、自身の努力で「稼ぐ」ととらえてはいなかったとしている。

今回取り上げた事例は、いずれも刑務所を出所したばかりの時点で行ったものであるから、マルナのこの分類では、現役の犯罪者群に相当することになる。そして、実際に語られた内容も、マルナが犯罪離脱群の特徴として挙げた内容と類似したものはみられない。せいぜい、今回の受刑体験を通じて、肯定的な気づきが得られたという話（2章、6章）が聞かれた程度にとどまる。

ただし、マルナが元犯罪者の語りの特徴として挙げたものを、その元犯罪者が犯罪をやめ始めた当初から必ずしも語っていたわけではないと推察される。適応的な生活での成功を重ねていく中で、いつしか過去を肯定的に、あるいは必然的なものとして捉えられるようになっていった可能性があるのではなかろうか。

マルナの研究において、持続的犯罪者の多くが、犯罪にも刑務所生活にも嫌気がさしていることを語っていたとするが、今回取り上げた事例の大半も、同様に、自らの犯罪が招いた負の体験をしており、犯罪をしたことへの後悔を口にしていた。その負の体験とは、犯罪行為そのものに対してというよりも、犯罪が発覚したことでもたらされた経験であった。自らの犯罪行為そのものへの反省や洞察を深めてほしいといった思いがないわけではないが、少なくともこれらの経験を通じて、彼女たちは、犯罪し続けていくことを良しとしてはいないのである。そうであるならば、心理臨床家が果たす役割とは、その良しとしていないことを適宜意識に昇らせながら、事態が改善できる余地があると気づけるよう働きかけることなのであろう。

彼女たちが語る内容からは、思い通りにならない人生に圧倒され、ほかに対処法がないと窮して犯罪に至ってしまった、好き好んで犯罪をしているわけではないけれども、気づくと犯罪をしてしまっていたなどの認識を有している印象を持つ。まさに、マルナが指摘する犯罪持続群の物語ということになるが、だからこそ、そこから脱する道筋があることに気づけるようにしていくことが肝要と思われる。

たとえば、11章の事例では、母子家庭になってしまったものの、懸命に子育てをしてきたつもりであるのに、生活につまずいて犯罪に手を染めてしまったところ、娘たちから遠ざけられてしまったと、浮かばれなさを感じている。また、4章の事例では、犯罪者である自分には養育力がないとみなされ、わが子と暮らせる見通しがなくなってしまっている。いずれも、今後に希望がもてない状況にあるととらえている。どうせ事態が良くならないのであるならば、短絡的な行動に走ってしまうことも、ある意味、理解できる。犯罪をしないで社会生活を送ることができ、そうしたことが自身にとって良いことであると感じ続けられるよう支えるのが、心理臨床家の役割なのであろう。

おわりに

非行・犯罪の現象は、世の鏡とも言われている。そのときどきの社会の歪の影響を強く受けた人が非行や犯罪に走る。そこで、是正すべきは社会のありようであるとの主張もある。

そのような社会の歪を直していくことは、当然である。しかし、社会の歪がすぐに修正されることは、あまり期待できない。そこで、司法・犯罪領域の心理臨床では、そのような社会で生活していく生きづらさから非行・犯罪に至ってしまっている人を対象に、どうすることが、生きづらさを多少とも軽減することに通じるかを個々に検討し支援している。

犯罪に走っている当事者の中にも、心理的支援は必要ないととらえている人が少なからず存在する。しかし、その中には、もう犯罪に走るつもりはないとしながら、結局、犯罪を繰り返している人がいる。社会適応し続けられるよう、心理的観点から伴奏する余地はなかったのかと考えさせられたりする。また、このままの状態は良くないと気づきながらも、多少何をしたところで現実は変わらないだろうと諦めている人も結構いる。その場合、社会適応できる可能性を一緒に考え、それを勇気づけ後押しする形で心理的支援をしていくのが適当なのであろう。

本書で紹介した事例の中には、今後も犯罪を続けていくであろうとの心象をもった事例もあろう。ただし、ここで紹介したいずれの事例も、犯罪をし続ける意思を固めているわけではない。結局は犯罪に再び走ってしまう人であっても、もうやめようという気持ちが強まったり弱まったりと揺れるのである。刑罰を与えたからといって、犯罪を思いとどまるとは限らない。そこで、犯罪を思いとどめる一助になるだろうと心理的働きかけが行われている。その働きかけには、犯罪に走っている当事者のためのみならず、我々一般人が犯罪に悩まされずに安心した社会生活を送れるよう、少しでも再犯を思いとどまらせたいとの思いも含まれている。とはいえ、今さらどのような心理的働きかけをしたところで無駄であろうという読後感をおもちの方もおられるかもしれない。ぜひ、忌憚のない感想をお寄せいただきたい。

ところで、犯罪者に対する処遇の仕方については、犯罪に関連するものに焦点化するのが適当であると主張する危険性管理枠組みの視点からのリスク・ニーズ・レスポンシビティ（Risk-Needs-Responsivity: RNR）モデル、再犯危険性を低減させると同時に個々の犯罪者の利益や長所を活かした能力開発を目指すとする善い人生モデル（Good Lives Model: GLM）の二つがある。

前者のRNRでは、以下の三つの処遇原則がある。①犯罪者の再犯リスクに応じて、処遇の密度を変えるというリスク原則、②彼らに犯罪を誘発させる要因を探り、その要因に的を絞って働きかけを行うというニーズ原則、③学習効果を最大限にするために、対象者個々の反応性を高めるため学習スタイル・動機づけ・能力・長所等の特性に応じた処遇を実施するという応答性原則、である。なかなか効率的な働きかけである。

一方、後者のGLMは、犯罪とは、自らの価値観を実現するために必要な内的および外的資源がないときに生じるものであるととらえて、他者に危害を及ぼさない方法で人生の価値観を満たすことを目指そうと働きかけるものである。犯罪者の個人的な目標を中心に据え、適法内での実現可能性を支援する働きかけである。

これまでの生活を変えていくには、エネルギーがいるし、勇気も必要である。人は、わざわざ大変な思いをするよりも、すでに経験したことを繰り返すことに甘んじがちになる。犯罪に走るような今までの生活が、決して良いわけでないことは、当事者もわかっている。とはいえ、変えようと努力したところで、無駄骨を折るだけではないかという思いを抱いたりもする。だから、これまでの生活を変えることで、追い求めていた個人的な目標に近づきやすくなると働きかけるGLMの視点は、処遇を前向きに受け止めようとする際の鍵になるだろう。このGLMは、RNRに比べて、犯罪者自身の立ち直ろうという意欲や更生プロセスに主体的に取り組もうという姿勢を喚起させやすいとされている。

ただし、「本当は、どんなふうに生きていきたいの？」と尋ねると、すらすらと話せる人は、実際のところ、稀である。そのような問いに対して、キョトンとする者が少なくない。生活していく中で、次々に直面する問題に目を奪われ、それらの問題をどう乗り切るかに注意が焦点化されがちであるからである。さまざまな負の体験を重ねる中で、自分が本当は何を求めようとしているのかなど、（久しく）考えてこなかったとする。

そこで、本当はどう生きたいのかを一緒に考え育みながら、改善への動機づけを高めていくことになる。生きたい姿に近づくことが、夢物語ではなく、実現可能であると感じてもらえるよう方向づけていくことは、口で言うほど簡単ではない。なかなか気の長い話であって、変化が一朝一夕に見られることは決してない。また、再犯をしてしまったかとため息をついてしまうことも少なくない。しかし、放置しておけば、同じ過ちが繰り返されてしまう。たとえ犯罪に走った経歴があるにせよ、みんな一度しかない人生である。自分がこれからより良く生きるにあたって、社会適応的に振る舞うことが大切であると気づき、それが自分にできると思えるようにしていくこと、これが司法・犯罪領域における心理臨床であると、筆者はとらえている。

最後になったが、本書は、快くインタビューに応じて、その公開を快諾してくださった方々がおられたからこそ、出版が可能になったわけである。「自身のこれまでの歩みを無駄にしたくない」「多少とも人のためになるならば……」と語ってくれた勇気に、心から御礼を申し上げたい。なお、この事例収集にあたっては、更生保護施設にご協力いただき日本学術振興会の科学研究費助成（基盤（C）15K04151）を受けたことを申し添える。

そして、金剛出版の中村奈々様には快く出版をお引き受け下さったのみならず、インタビューに応じてくれた方々の言葉を読者に伝わりやすく記すにあたって多くの貴重なアドバイスを賜った。そのご尽力があったからこそ筆者と二人三脚で刊行にこぎつけることができたと思っている。この場をお借りして深謝の意を表したい。

引用文献

ベッカリーア C（一九五九）『犯罪と刑罰』風早八十二・風早二葉訳、岩波書店（Beccaria, C.（1764）Dei delitti e delle pene.）

エリクソン EH（一九七三）『自我同一性―アイデンティティとライフ・サイクル』小此木啓吾訳編、誠信書房（Erikson, E. H.（1959）Identity and the Life Cycle. International Universities Press.）

藤野京子（二〇二〇）「女性犯罪」『ビギナーズ犯罪学第二版』守山正・小林寿一編著、四〇〇―四〇八頁、成文堂

ギリガン C（一九八六）『もうひとつの声―男女の道徳観のちがいと女性のアイデンティティ』岩男寿美子監訳／生田久美子・並木美智子共訳、川島書店（Gilligan, C.（1982）In a Different Voice: Psychological theory and women's development. Harvard University Press.）

法務総合研究所（二〇一九）『令和元年版犯罪白書』

マルナ S（二〇一三）『犯罪からの離脱と「人生のやり直し」―元犯罪者のナラティヴから学ぶ』津富宏・河野荘子監訳、明石書店（Maruna, S.（2001）Making Good: How ex-convicts reform and rebuild their lives. American Psychological Association.）

McAdams, D. P.（2008）The Life Story Interview, Revised. https://www.sesp.northwestern.edu/foley/instruments/interview/ 二〇一八年十一月取得

Moffitt, T. E.（1993）Adolescence-limited and life-course-persistent antisocial behavior: A developmental taxonomy. Psychological Review, 100, 674-701.

中西信男・佐方哲彦（二〇〇一）「第三一章　ＥＰＳＩ」『心理アセスメントハンドブック（第2版）』上里一郎監修、三六五―三六七頁、西村書店

Najavits, L. M.（2002）A woman's addiction workbook：Your guide to in-depth healing. New Harbinger.

〈著者略歴〉

藤野　京子（ふじの　きょうこ）

早稲田大学文学学術院教授。

東京，八王子等の少年鑑別所鑑別技官，法務総合研究所室長研究官等を歴任。著書に「薬物はやめられる⁉　薬物離脱のためのワークブック」矯正協会，「困っている子を支援する６つのステップ：問題行動解決のための LSCI[生活空間危機介入] プログラム」明石書店，訳書に「犯罪・災害被害遺族への心理的援助：暴力死についての修復的語り直し」金剛出版，「アンガーマネジメント 11 の方法：怒りを上手に解消しよう」金剛出版等がある。

罪（つみ）を犯（おか）した女（おんな）たち

2020 年 7 月　1 日　印刷
2020 年 7 月 10 日　発行

著　者　藤野　京子
発行者　立石　正信

印刷・製本　三協美術印刷

装丁　臼井新太郎

装画　おのだ希

株式会社　金剛出版
〒 112-0005　東京都文京区水道 1-5-16
電話 03（3815）6661（代）
FAX03（3818）6848

ISBN978-4-7724-1711-2　C3011　Printed in Japan ©2020